Marlen Schlaffke

**Von Bollenhüten und Ritterburgen.
Tourismuswerbung und Raumbilder**

Eichstätter Tourismuswissenschaftliche Beiträge   Band 7

Herausgeber Hans Hopfinger
Lehrstuhl für Kulturgeographie, Katholische Universität Eichstätt-Ingolstadt

Marlen Schlaffke

**Von Bollenhüten und Ritterburgen.
Tourismuswerbung und Raumbilder**

Profil

Anschriften:
Autorin
Dipl.-Geogr. Marlen Sinitsin, geb. Schlaffke
Kath. Universität Eichstätt-Ingolstadt
Ostenstraße 18, 85072 Eichstätt

Herausgeber
Prof. Dr. Hans Hopfinger
Lehrstuhl für Kulturgeographie
Kath. Universität Eichstätt-Ingolstadt
Ostenstraße 18, 85072 Eichstätt

Die Drucklegung erfolgte mit freundlicher Unterstützung der Katholischen Universität Eichstätt-Ingolstadt sowie der Maximilian Bickhoff-Universitätsstiftung.

Bibliografische Information Der Deutschen Bibliothek

Die Deutsche Bibliothek verzeichnet diese Publikation in der Deutschen Nationalbibliografie; detaillierte bibliografische Daten sind im Internet unter http://dnb.ddb.de abrufbar.

Titelbild
Grundlage: J. H. W. Tischbein – „Goethe in der römischen Campagna": Artothek Spezialarchiv für Gemäldefotografie, D-82362 Weilheim, http://www.artothek.de; Bollenhut: Gemeinde Gutach/ Schwarzwaldbahn, D-79261 Gutach i. Br.; Collage: Markus Schlaffke, Dipl.-Designer, Weimar

Übrige Bilder (wenn im Text nicht anders vermerkt)
Schwarzwald Tourismus GmbH, Freiburg i. Br.; Stadtarchiv Titisee-Neustadt; Heimatmuseum Finsterbergen; Fremdenverkehrsverband Thüringer Wald, Suhl

© 2007 Profil Verlag GmbH, München, Wien
Gestaltung: Alexandra Kaiser, Eichstätt
Druck und Herstellung: PBtisk s. r. o., Příbram/Czech Republic
Printed and bound in the E. U.
ISBN 978-3-89019-577-3

Dieses Werk ist urheberrechtlich geschützt. Jede Verwertung außerhalb der engen Grenzen des Urheberrechtsgesetzes ist ohne Zustimmung des Verlages unzulässig und strafbar. Dies gilt insbesondere für Vervielfältigungen, Übersetzungen, Mikroverfilmungen und Verarbeitung in elektronischen Systemen.

Billige Reise

*Ein Mensch holt sich für die bezweckte
Fahrt in die Ferien viel Prospekte,
Die, was verdächtig, unentgeltlich
In reichster Auswahl sind erhältlich
Und die in Worten wie in Bildern
Den Reiz jedweder Gegend schildern.
Begeisternd sind die Pensionen,
In denen nette Menschen wohnen.
Ganz herrlich sind die Alpentäler,
Wo preiswert Bett und Mittagsmähler.
Doch würdig reifer Überlegung
Ist auch am Meere die Verpflegung.
Es fragt sich nur, ob Ost-, ob Nord-?
Und schließlich wie wär es an Bord?
Nicht zu verachten bei den Schiffen
Der Lockruf: „Alles inbegriffen!"
Der Mensch, an sich nicht leicht entschlossen,
Hat lesend schon genug genossen
Und bleibt, von tausend Bildern satt,
Vergnügt in seiner Heimatstadt.*

(Eugen Roth)

Vorwort

Während zahlreicher Praktika in der Reisebranche ist es mir stets ein wichtiges Anliegen gewesen, visuell ansprechendes Informationsmaterial anzubieten bzw. selbst zu entwickeln – kundenfreundlich und originell zugleich. Dies trug ebenso zur Themenstellung dieses Buches bei, wie meine leidenschaftliche Begeisterung für die Layout-Programme mit ihren unendlich kreativen Möglichkeiten.

Als Diplomarbeit angelegt, entstand ein ehrgeiziges Projekt – nämlich touristische Grundlagenforschung zu betreiben und die Destinationswerbung einmal genauer unter die Lupe zu nehmen. Dies verlangte von mir eine intensive (manchmal schlafraubende) Auseinandersetzung mit der von mir vorverurteilten Werbung einerseits und deren praktischen Nutzen andersseits. Das Ergebnis liegt nun in völlig überarbeiteter Form vor und hat seit seiner Prämierung auf der Internationalen Tourismus-Börse Berlin (ITB) im Jahr 2003 nichts an Aktualität eingebüßt – unabhängig davon, dass die Arbeit im Kern historisch angelegt ist! Ich möchte es hier mit Hasso Spode halten, der in einem seiner Vorworte schreibt,

> *„dass Prognosen, denen die historische Dimension fehlt, auf Sand gebaut sind. Ganz unabhängig davon bietet die Historische Tourismusforschung einen faszinierenden Blick in die Alltags-, Kultur- und Sozialgeschichte, der viel zu unserem Selbstverständnis beitragen kann"* (Spode 1996, S. 9).

Die Preisverleihung der Deutschen Gesellschaft für Tourismus (DTG) im März 2003 auf der ITB für die „Beste wissenschaftlich-theoretische Arbeit" löste beinahe „bahnbrechend" (nicht nur am Lehrstuhl für Kulturgeographie der Katholischen Universität Eichstätt-Ingolstadt) eine ganze Welle von ähnlichen Untersuchungen aus – was mir fast die größere Ehre zu sein scheint. Das Selbstverständnis der Fremdenverkehrswerbung zu hinterfragen, war ein wesentliches Ziel dieser Arbeit. Auf dem Weg zur Fertigstellung standen mir viele hilfsbereite und freundliche Menschen zur Seite, denen ich an dieser Stelle zutiefst zu Dank verpflichtet bin:

An erster Stelle Herrn Prof. Dr. Hans Hopfinger, Inhaber des Lehrstuhls für Kulturgeographie an der Katholischen Universität Eichstätt-Ingolstadt. Als Betreuer der Diplomarbeit hat er mich mit unendlicher Geduld von der Themensuche bis zum Abschluss des Projektes hindurch begleitet. Er ermutigte mich dabei immer wieder neu zu diesem alternativen, bisher kaum behandelten Thema und schlug das Werk auch für den Wissenschaftspreis der DTG vor.

Der Maximilian-Bickhoff-Universitätsstiftung in Eichstätt, namentlich Herrn Prof. Dr. Hans Hunfeld, für die Gewährung des großzügigen Druckkostenzuschusses zur Veröffentlichung der Studie – ein herzliches „vergelt's Gott"!

Frau Uta Schwintek im Heimatmuseum Finsterbergen/Thüringer Wald, die mit mir liebevoll das Archiv nach alten Prospekten durchforstete und dabei unerlässliche Details über die Geschichte des Fremdenverkehrs in der Region aufdeckte. Herrn Hubert Matt-Willmatt, bis 2005 Pressereferent der Schwarzwald Tourismus GmbH in Freiburg/Br., für die Bereitstellung umfangreichen Archivmaterials, für die vielen Hintergrundinformationen und die Auskunftbereitschaft im Tiefeninterview. Ebenso Herrn Mathias Brückner vom Marketing des Fremdenverkehrsverbandes Thüringer Wald in Suhl für die Bereitstellung des Prospektmaterials sowie für das Tiefeninterview. Herrn Martin Vogelbacher im Stadtarchiv Titisee-Neustadt für die Recherche und freundliche Bereitstellung alter Fremdenverkehrsprospekte. Frau Heike Budig aus dem Presseteam der Schwarzwald Tourismus GmbH in Freiburg/Br. für die nette und schnelle Hilfe bei der Bollenhut-Bildrecherche.

Den Herren Dr. Marc Boeckler und Dr. Nicolai Scherle, beide Mitarbeiter am Lehrstuhl für Kulturgeographie in Eichstätt, für ihre Beratung, Inspiration und Motivation während des gesamten Forschungszeitraumes. Frau Alexandra Kaiser, Kartographin an besagtem Lehrstuhl, nicht nur für das Setzen des Buches, sondern vor allem für ihre stets freundliche, konstruktive Kritik und ihre vielen nützlichen Ratschläge in Sachen Bildbearbeitung und Layout.

Herrn Dr. Hans-Jürgen Kagelmann, einst Zweitkorrektor und Betreuer der Diplomarbeit und nun Verleger dieses Buches, der mit seiner Erfahrung ebenfalls wesentlich zum Gelingen dieses Projektes beigetragen hat (und beiträgt).

Dipl. Geograph, Mag. Politologe und Freund Bernhard Scholz für die mehrfachen (!) sprachlichen Korrekturen (im Dschungel der Rechtschreibreform wahrlich eine Herausforderung), für die unermüdliche Ermunterung und die kritischen Anmerkungen, ohne die das Buch nicht das wäre, was es nun ist. Meinem geliebten Mann für die

Vorwort

vielen kleinen Dinge und Gesten, die sichtbar und unsichtbar in die Arbeit eingeflossen sind.

Da der Schwerpunkt meiner Studie auf den Titelbildern von Werbebroschüren liegt, sei auch ein Wort über das Titelbild *dieses* Werkes verloren. Der Dank gilt hier meinem Bruder, Markus Schlaffke, für die professionelle Umsetzung des Titelmotivs.

Ich widme dieses Buch meinen Eltern.

Marlen Sinitsin   Eichstätt am 20. September 2006

Inhaltsverzeichnis

Vorwort 7

Teil 1 Konstruierte Wirklichkeit – Theoretische Grundlagen

1   Einführung 17

2   Imaginäre Urlaubslandschaften: Touristische Räume und ihre Bilder 21
2.1   Die ästhetische Landschaft als Basis für den Tourismus 21
2.2   Begriffsbestimmung: Die Landschaft – eine gesellschaftliche
      Konstruktion 23
2.3   Die Verbildlichung von Landschaft: Raumbilder, Images und Marken.. 26
2.3.1 Bild und Wirklichkeit 27
2.3.2 Zur Symbolfähigkeit des Menschen 29
2.4   Der imaginäre Schwarzwald 31
2.4.1 Heimelige Höfe in dunklem Tann 31
2.4.2 Ein Stück deutsche Landschaft: Romantisch-traditionelle
      Gemütlichkeit 33
2.5   Der imaginäre Thüringer Wald 36
2.5.1 Das grüne Wanderer-Eldorado 38
2.5.2 Ein Hort deutscher (Kultur)geschichte: Wald der Dichter und
      Musiker 40

3   Gesellschaftliche Konstruktion von Raumbildern 42
3.1   Die „touristische Brille": Landschaftswahrnehmung aus Sicht des
      Reisenden 43
3.2   Medien konstruieren Wirklichkeit 46
3.2.1 Landschaftsmalerei, Literatur und Musik 48
3.2.2 Touristische Medien und die Raumwahrnehmung 49
3.2.3 Die Macht der Zeichen und die Überlegenheit der Bilder 51
3.2.4 Die Werbung als Indikator für den zeitlichen Wandel von
      Raumbildern 54

4	**Ökonomische Konstruktion von Raumbildern: Tourismuswerbung**	56
4.1	Strategisches Marketing im Tourismus	56
4.1.1	Zur Profilierung inszenierter Urlaubsräume als Produkt und Marke	58
4.1.2	Profilierung der Destination Schwarzwald	60
4.1.3	Profilierung der Destination Thüringer Wald	61
4.2	Werbung ist Kommunikation: Über das Erzeugen von Bildbotschaften in der Tourismuswerbung	63
4.2.1	Auftraggeber (= „Tourismusverbände")	63
4.2.2	Produzenten (= „Agenturen")	64
4.2.3	Rezipienten (= „Reisende")	67
4.3	Probleme der Destinationswerbung	68
4.3.1	Anforderungen an die Gestaltung von Prospekten	69
4.3.2	Imagerystrategien in der Werbung	71
4.3.3	Kritik an der Werbung: Information oder Manipulation?	74

Teil 2 Entwicklung der Tourismuswerbung – Eine „Bildergeschichte"

5	**Zur Methodik**	79
5.1	Die hermeneutische Bildinterpretation als Methode geographischer Arbeit	79
5.1.1	Theoretische Ansätze der Bildanalyse	80
5.1.2	Probleme bei der Erhebung	81
5.2	Zur Vorgehensweise: Die Schritte der Bildanalyse	82
5.2.1	Ersteindrucksanalyse	83
5.2.2	Hypothetische Typenbildung	84
5.2.3	Typenbildung	85
5.2.4	Einzelfallanalyse	85

6	**Die Bilder der Werbung im tourismushistorischen Kontext**	88
6.1	Erste Bilder: Von den Anfängen des Tourismus bis 1933	89
6.1.1	Bilder des Schwarzwaldes	91
6.1.2	Bilder des Thüringer Waldes	92
6.2	Drittes Reich: Nationalsozialismus und Landschaftsbewusstsein	96
6.2.1	Bilder des Schwarzwaldes	97
6.2.2	Bilder des Thüringer Waldes	101
6.3	Die 50er und 60er Jahre: Beginn des Massentourismus (nur Schwarzwald)	104
6.4	Die 70er und 80er Jahre: Professionalisierung der Werbung (nur Schwarzwald)	108

6.5	Bilder der DDR-Zeit: „Es lebe der Sozialismus!" (nur Thüringer Wald)	111
6.6	Die Postmoderne: Bildtendenzen am Ende des 20. Jh.	117
6.6.1	Bilder des Schwarzwaldes in den 80er und 90er Jahren	118
6.6.2	Bilder des Thüringer Waldes in den 90er Jahren	123
6.7	Das 21. Jahrhundert: Perfekte Symbolik für durchgestylte Landschaften?	130
7	**Konsequenzen und Resümee**	**133**
7.1	Ästhetisierte Werbelandschaften von 1900 bis 2000	133
7.2	Von der Landschaft zum Urlaubsraum: Touristifizierung und postmoderne Entzauberung	137
7.3	Manipulation der Imaginationen? – Die Authentizitätsfrage	139
7.4	Zusammenfassung	147
	Abbildungsverzeichnis	151
	Tabellenverzeichnis	152
	Literaturverzeichnis	153
	Anhang	159

Teil I
Konstruierte Wirklichkeit – Theoretische Grundlagen

1 Einführung

Problemstellung und Motivation

Der Tourist misst Bildern seit jeher eine besondere Bedeutung bei, hält er seine Reise doch stets auf Fotos oder Video fest. Aufgrund einer immanent-selektiven Sicht auf den Raum bewegt er sich dabei in konstruierten Bilderwelten, die nicht zuletzt auch ökonomisch vorgeprägt sind. Denn die Fremdenverkehrsbranche stellt ihm ebenfalls Abbilder von Räumen zur Verfügung: Postkarten, Bildbände oder Gegenstände, die den Urlaubsort darstellen, sind dankbare Souvenirs und kommunizieren neben dem Destinationsmarketing fiktive Bilder von Städten oder Urlaubslandschaften. Tourismusmanager, die bemüht sind, ein möglichst positives *Image* ihrer Region zu erzeugen, greifen dabei nur zu selbstverständlich nach Ausschnitten einer Landschaft, die sich aufgrund ihrer Einzigartigkeit als touristisch interessant hervorheben und verknüpfen lassen.

Der Werbung und insbesondere ihren Bildern kommt die Aufgabe zu, einen konkreten Raum mit Imaginationen aufzuladen, die dazu geeignet sind, Gäste anzuziehen. Als Medium dient dafür traditionellerweise der Prospekt. Er verpackt den Raum gemäß der Vorstellung potenzieller Gäste symbolisch und liefert diesen in Bild- und Textbotschaften eine Sicherheitsgarantie dafür, was sie vor Ort erleben sollen. Betriebswirtschaftlich gesehen handelt es sich bei der Kreation des Produktes „Raum" um Markenstrategien bzw. um sogenannte *Imagerystrategien* (vgl. KROEBER-RIEL 1993). In der Kulturgeographie kann man diesen Prozess der bildlichen Inszenierung als *Erzeugung imaginärer Räume* verstehen, welche sich letztlich aus individuellen und kollektiven Vorstellungen zusammensetzen.

„Wir leben in Bilderwelten und sollen versuchen, diese Bilder ästhetisch, ökonomisch und psychoanalytisch aufzuschlüsseln", so LESCH (1992, S. 103). In diesem Sinne will das vorliegende Werk den Prozess der gezielten Konstruktion tourismusspezifischer Raumbilder transparent machen und hinterfragen. Ihr Untersuchungsobjekt sind die „Schlüsselbilder" – Titelseiten von Imagebroschüren –, mit denen man als erstes konfrontiert wird, will man sich über ein Urlaubsgebiet informieren.

Im Zuge der stetigen Tourismusentwicklung in Deutschland ab der zweiten Hälfte des 19. Jahrhunderts wandelten sich bis heute die Strukturen auf der Angebots- und Nachfrageseite. Authentisch oder nicht – Werbung spiegelt hier, wie jedes andere Medium auch, gesellschaftliche Strukturen wider, denen sie einerseits unterworfen ist, die sie andererseits aber auch selbst prägt. Ziel dieser Arbeit ist es nun, auch die historische Dimension der Images und Bildbotschaften aufzuzeigen. Sie versteht sich damit als Beitrag zur touristischen Grundlagenforschung, welche immer noch etwas im Abseits der Tourismuswissenschaft liegt (da sie in erster Linie praxisorientiert ist, vgl. ROMEISS-STRACKE, in: FVW-International 5/2001, S. 222-229). In Bezug auf Bilder und ihre Wirkung im Tourismus gibt es – zumindest im deutschen Sprachraum – bisher tatsächlich nur wenige Studien. So setzte sich KARMASIN (1981) mit der Wahrnehmung von Bildern der österreichischen Fremdenverkehrswerbung auseinander, LAZZAROTTI (2001) mit einem Plakat des Kurortes Wimereux an der französischen Atlantikküste. SCHRUTKA-RECHTENSTAMM (1998) schließlich untersuchte Titelseiten von Unterkunftsverzeichnissen aus der Steiermark im Hinblick auf die Authentizität der vermittelten Vorstellungen vom ländlichen Raum.

Zur Vorgehensweise: Schlüsselbilder deuten

Der theoretische Teil der Arbeit erörtert zunächst relevante Erkenntnisse zum Prozess der Raumkonstruktion im Tourismus, speziell in der Destinationswerbung. Im Anschluss an die Klärung der zentralen Begriffe „Landschaft", „Raumbild" und „Image" werden allgemeine, medial kursierende Bilder zweier ausgewählter Beispielregionen vorgestellt: Schwarzwald und Thüringer Wald. Im nächsten Schritt wird deutlich, wie es prinzipiell zur Ausprägung von Raumbildern in den Köpfen der Menschen kommen kann: Hier sind die Grundlagen der *gesellschaftlichen* Konstruktion von Raumbildern dargestellt. Die Werbung bezieht sich teilweise auf diese Bilder. Sie *re*-kommuniziert sie und trägt so neben Kunst, Literatur und anderen Medien wesentlich zum Raumverständnis des Touristen bei, welcher die selektierten, ästhetisierten und stereotypen „Anleitungen" geradezu sucht. Daher ist ein weiteres Kapitel dem Prozess der *ökonomischen* Bildkonstruktion gewidmet.

Mittels hermeneutischer Bildinterpretation, einer aus den Kommunikationswissenschaften entlehnten Methode, wird im zweiten Teil der Arbeit eine vergleichende Analyse der Werbeprospekte aus den letzten 100 Jahren Tourismusgeschichte vorgenommen. Die Botschaften der Titelseiten lassen sich anhand formaler und inhaltlicher Kriterien *ent*schlüsseln. In ihren gesellschaftlichen Kontext gestellt, legen sie die jeweiligen Strategien der Raumkonstruktion bei der Selbstdarstellung offen. Qualitative Interviews mit den hauptverantwortlichen Marketing-Experten der Tourismusverbände der beiden Beispielregionen ergänzen die gewonnenen Ergebnisse. Hier wurden Fragen zur heutigen Präsentation, zum aktuellen Marketing, zu Zielgruppen, regionalen Besonderheiten, dem Image der Region sowie zur Prospektgestaltung und den damit verbundenen Problemen behandelt. Die Ergebnisse der Interviews fließen an geeigneter Stelle in die Arbeit ein; die halbstandardisierten Gesprächsleitfäden sind im Anhang ersichtlich.

Zur Auswahl der Beispielregionen

Im zweiten, empirisch fundierten Teil dieser Arbeit, werden die beiden Fallbeispiele untersucht. Schwarzwald und Thüringer Wald – zwei alte deutsche Urlaubslandschaften – sind sowohl hinsichtlich ihres touristischen „Werdegangs", als auch aufgrund ihrer „imaginären Vielfalt" und Fremdenverkehrspotenziale eng verwandt und daher sehr gut miteinander vergleichbar. So verlief die wirtschaftliche Entwicklung bis zur Spaltung Deutschlands sehr ähnlich. Für die verarmte Bevölkerung, die einst von Land- und Forstwirtschaft (Flößerei, Köhlerei etc.), später von der Heimindustrie (Holzschnitzerei, Glasbrennerei, Uhr- oder Puppenmacherei) lebte, bot der Fremdenverkehr im Zeitalter der Industrialisierung eine neue Alternative. So entstand frühzeitig eine touristische Infrastruktur. Der Thüringer Wald entwickelte sich in der DDR bezüglich der Übernachtungen zum größten Erholungsgebiet nach der Ostseeküste (vgl. KRÄHAHN u. a. 1989, S. 19). Analog dazu war der Schwarzwald die Spitzendestination der westdeutschen Mittelgebirge und ist es bis heute (vgl. KERN 2001, S. 90). So ergibt der Rückblick auf die Raumbilder und (Werbe)Images des 20. Jahrhunderts eine hochspannende „Bildergeschichte", z. B. was die Tourismusentwicklung in Ost- und Westdeutschland nach dem Zweiten Weltkrieg betrifft.

Zwar gibt es topografische Differenzen – der Schwarzwald umfasst mit 150 km Länge und ca. 40 km Breite etwa 6.000 km² (vgl. Schwarzwaldverein e. V. 2001, S. 8); der Thüringer Wald ist mit 80 km Länge und ca. 15 km Breite nur etwa 1.200 km² groß (vgl. KRÄHAHN u. a. 1989, S. 14). Des weiteren weist der Schwarzwald höhere Gipfel auf (Feldberg: 1.492 m) als der Thüringer Wald (Großer Beerberg: 982 m). Allerdings besitzen beide Mittelgebirge gute Voraussetzungen für eine „Sommerfrische", ein ausgeprägtes Kur- und Heilbäderwesen sowie Möglichkeiten zum Wintersport und zum Wandern. Ebenfalls gemein ist ihnen ihr kulturgeschichtlicher Reichtum, der sich auch aus Mythen, Märchen und Sagen speist.

Konstruktion der Konstruktion

Vorab sei kurz dargelegt, was unter dem Schlüsselbegriff der Arbeit – *Raumkonstruktion* – zu verstehen ist. Die Konstruktion von Raum hat in der Geographie nach ASCHAUER (2001, S. 141-143) zwei Bedeutungen. Auf *realer* Ebene handelt es sich um das Erzeugen von Regionen unterschiedlichster Dimensionen durch alltägliche soziale oder wirtschaftliche Interaktionen bzw. durch die Fortbewegung von Menschen im Raum. Auf *begrifflicher* Ebene hingegen konstruieren sich Regionen sprachlich, aus einer gewissen Distanz durch Beobachtung und Beschreibung. Dazu gehören regionale Images wie Identitäten und deren Kommunikation nach innen und außen. Diese stellen als Objekte wissenschaftlichen Arbeitens wiederum Konstrukte dar. Broschüren, *die* Untersuchungsobjekte dieser Arbeit, konstruieren Images von Urlaubsdestinationen auf Papier. Mit der Zusammenstellung und Interpretation der dabei verwendeten Bilder versucht diese Arbeit anhand der Beispiele Schwarzwald und Thüringer Wald also eine „Konstruktion der Konstruktion".

2 Imaginäre Urlaubslandschaften: Touristische Räume und ihre Bilder

Der Landschaft kommt im Tourismus eine enorme Bedeutung zu. Wie eine Umfrage des Hamburger B.A.T. Freizeit-Forschungsinstituts ergab, steht für 71 % der Deutschen die „Schöne Landschaft" an erster Stelle bei der Frage nach den Urlaubsprioritäten: „Was macht schöne Ferien aus?" (siehe Tab. 1). So schließt sich die Frage an, was konkret einen Raum zur attraktiven Urlaubslandschaft macht:

> „Schönheit liegt im Vollkommenen, Symmetrischen und Wohlproportionierten. Was als ‚schön' erscheint, rührt das Gefühl an. Doch kann Landschaft nur im subjektiven Geschmacksurteil als ‚schön' gelten. In jede ästhetische Bewertung fließen Symbolisierungen ein, die ihre (gesellschaftliche und biografische) Vorgeschichte haben, mit anderen Worten die ‚inneren' Landschaften, die ein Betrachter im Kopf mitbringt" (HASSE 1997, S. 151).

Um die Entstehung jener subjektiven, inneren Landschaften, sprich: Raumbilder zu begreifen, wollen wir im folgenden die Bedeutung landschaftlicher Ästhetik erläutern.

Tabelle 1: Die Landschaft als Urlaubspriorität Nr. 1

Urlaubsprioritäten	Prozent	Urlaubsprioritäten	Prozent
1. Schöne Landschaft	71 %	6. Gutes Preis-Leistungs-Verhältnis	57 %
2. Gesundes Klima	61 %	7. Badcmöglichkeiten (Meer/See)	56 %
3. Gutes Essen	61 %	8. Gastfreundschaft/Freundlichkeit	52 %
4. Sauberkeit	58 %	9. Preiswerte Unterkunft	52 %
5. Gemütliche Atmosphäre	57 %	10. Wenig Verkehr	49 %

Quelle: GLOBO: Das Reisemagazin. 9/2001, S. 8 (Umfrage des B.A.T. Freizeitforschungsinstituts mit einem Stichprobenumfang von 5.000 Befragten)

2.1 Die ästhetische Landschaft als Basis für den Tourismus

Der Landschaft kommt eine wichtige Erholungsfunktion zu, die sie auch gesetzlich schützenswert macht. Laut dem deutschen Naturschutzgesetz sind Natur und Landschaft so zu pflegen und zu entwickeln, dass ihre Vielfalt, Eigenart und Schönheit als

Lebensgrundlage des Menschen und als Voraussetzung für dessen Erholung nachhaltig gesichert werden, d. h. dass sie unser physisches und psychisches Leistungsvermögen und das damit einhergehende Wohlbefinden wiederherstellen und verbessern helfen können (vgl. HASSE 1997, S. 147, 150).

Das bewusste körperliche Landschaftserleben macht das Reisen in eine ästhetisch attraktive Umwelt im subjektiven Empfinden erholsam. Diese erscheint exotisch; sie wird durch das Klischee „authentischer und ursprünglicher Naturhaftigkeit" gesehen. So wird der Erlebnisraum Natur „zu einer Bühne, deren Geschehen das Gefühl antönt"; die beliebtesten Ferienziele liegen in den „touristisch ästhetisierten Horten der Natur" (vgl. ebd., S. 30 f., 113). Schönheit vermag hier Erhabenheit und Entspannung zu vermitteln; sie wird über Gefühle der Faszination, des Schauderns, des Entzückens oder der Betroffenheit wahrgenommen. Sinnliche, schwer fassbare ästhetische Eindrücke machen also das erholsame Landschaftserlebnis aus. In erster Linie ist ein wechselhafter Charakter bestimmend für die ästhetische Attraktivität eines Erholungsraumes. Hinzu kommen atmosphärische „Halbdinge" wie Licht und Schatten, Luftfeuchte, Temperatur, Wind, Geräusche und die mitgebrachte Stimmung (vgl. ebd., S. 150, 156). Nicht fehlen darf die menschliche Dimension von Landschaft und das Vorhandensein von „behaglichen Stellen", ohne die auch Orte, die sonst als Inbegriff der Idylle gelten, schnell trostlos und langweilig wirken. So wirkt die Naturlandschaft der Alpen bspw. nicht per se ästhetisch positiv, sondern erst im Kontrast mit der Kulturlandschaft (vgl. BÄTZING 1991, S. 137).

BÄTZING (1991, S. 136) zeichnet am Beispiel der Alpen die Entwicklung ästhetischen Empfindens nach. Mit der touristischen Entdeckung im Zuge der Industrialisierung wurde Natur erstmalig als anmutend empfunden, nachdem sie Jahrhunderte lang einen abschreckenden und bedrohlichen Charakter inne hatte. In der Romantik machte der Kontrast zwischen dem Behaglichen und dem Menschenfeindlichen den Reiz des Alpen-Erlebens aus. Auf zeitgenössischen Abbildungen verschieben sich die Proportionen immer stärker zugunsten der Felswände, Schnee- und Gletscherflächen und zu Lasten der Kulturlandschaft. Nicht mehr die Darstellung von Natur als letzter Herausforderung und Infragestellung des Menschen, sondern nackte Felsen und eisige Gletscherflanken gelten nunmehr als schön; menschlich veränderte Natur hingegen wird uninteressant. Dennoch folgt die Alpenfotografie heute i. d. R. noch immer den ästhetischen Prinzipien des 18. und 19. Jahrhunderts und verbreitet in allen touristischen Medien harmonische Bilder von Almhütten, kontrastiert mit steilem Gebirge im Hintergrund (vgl. ebd., S. 140 f.). Zentrale Bedingung für die klassische touristische Nutzung der Alpen bleibt demnach die Ästhetisierung ihrer Kulturlandschaft vor dem Hintergrund einer felsigen Eisregion.

In der Kontemplation einer von jeher als schön anerkannten Landschaft verfestigen sich die Vorstellungen von dieser zu einem stereotypen Bild. Dennoch ist Ästhetik hier nicht allein über die innere Differenziertheit aus ökologisch-physiognomischer Sicht und auch nicht allein über die historische Rekonstruktion der „Typik" einer Landschaft zu definieren; sie betrifft die subjektivsten Empfindungen der Menschen und damit unser natürliches Sein als leibliche Wesen. „Die Zuschreibung typischer Merkmale von Landschaftsbildern läuft immer dann in die Irre, wenn sie ins Detail geht" (HASSE 1997, S. 160). Zusammenfassend gilt: Der affektive Nutzen bzw. die „Erlebbarkeit" von Natur liegt in ihrem ästhetischen Potenzial begründet. Das Landschaftsbild umfasst ein extrem breites und diffuses Spektrum präsentativer Symbole, die stets aus dem Geist einer Zeit in sie hineingelegt und aus einem späteren wieder aus ihr herausgelesen werden (vgl. ebd., S. 152, 166). Im zweiten Teil der Arbeit werden die *tourismus*räumlichen Leitmotive und Symbole für das 20. Jh. anhand von konkreten Beispielen tiefgehend analysiert.

Landschaftsnamen haben in allen Medien Einzug gehalten und werden dort mit derselben Selbstverständlichkeit gebraucht wie Orts- oder Staatennamen (vgl. LIEDTKE 1984, S. 11). Da in dieser Arbeit von imaginären Landschaften die Rede ist, soll zunächst eine Begriffsklärung aus kulturgeographischer Sicht vorgenommen werden.

2.2 Begriffsbestimmung: Die Landschaft – eine gesellschaftliche Konstruktion

Landschaft im weitesten Sinne stellt ein Areal dar, dessen natürliche Ausstattung durch das Zusammenwirken der vorherrschenden Geofaktoren bestimmt ist, und dessen äußeres Erscheinungsbild unterschiedlich stark durch menschliche Einflüsse kultureller, religiöser oder politisch-administrativer Art überformt sein kann. Landschaften müssen nicht unbedingt mit naturräumlichen Einheiten zusammenfallen und können in sich sehr differenziert sein. Sie besitzen eine charakteristische Prägung, durch die sie sich vom umgebenden Raum abheben (vgl. NatSchG, zitiert in: HASSE 1997, S. 149). Fremdenverkehrsregionen als Vermarktungseinheiten sind im Vergleich mit den zugrundeliegenden natürlichen Landschaften oft überdimensioniert (vgl. LIEDTKE 1984, S. 11-16). Die geologischen, ökologischen oder kulturgeographischen Besonderheiten können vom Touristen wiederum kaum vollständig erfasst werden. Er macht z. B. Urlaub „im Schwarzwald", wobei er die Ganzheit von Natur- und Kulturraum als das hervorstechende Merkmal des Erholungsgebietes wahrnimmt (vgl. ECKART 2001, S. 237). Unter Natur versteht er im klassischen Sinne alles, was von sich selbst aus wächst. *Kultur* gilt demgegenüber gemeinhin als technische Hervorbringung des Menschen (vgl. HASSE, 1997, S. 148 f.).

Die Bipolarität der Begriffe Natur- und Kulturlandschaft ist umstritten. Bis in die 1960er Jahre hinein wurde Landschaft in der deutschen Geographie auf zweierlei Art und Weise begriffen. Das eine Konzept definierte Landschaft als Komplex „mittleren Maßstabs" geographisch relevanter, materieller Gegenstände mit all ihren wechselseitigen Beziehungen. Das Andere begriff Landschaft selbst als Untersuchungsgegenstand und Element der Realität. Ersteres sollte mit wachsender Erkenntnis das Modell eines Realphänomens „Landschaft" des zweiten Konzepts an die Wirklichkeit annähern (vgl. ASCHAUER 2001, S. 18 f.).

Mit dem kritischen Rationalismus der 1960er Jahre orientierten sich HARD u. a. stärker an der angelsächsischen Landschaftskunde, die ein neues Landschaftskonzept entwickelte. Ihre Hauptkritik bestand darin, dass man nicht auf die bildungssprachliche Bedeutung des Begriffes zurückgreifen darf, und dass „Landschaft" als Gegenstand nie in seiner Totalität erfasst und rekonstruiert werden kann, wodurch die traditionelle Landschaftskunde irrational und sinnlos erscheint (vgl. ASCHAUER 2001, S. 19-21). In Anlehnung an die Diskussion bei ASCHAUER soll (und muss) „Landschaft" in der vorliegenden Arbeit im Sinne COSGROVE's verstanden werden, als gesellschaftliche und mentale Konstruktion. Die Kernaussage des neuen Verständnisses lautet:

> *„Landscape is not merely the world we see, it is a construction, a composition of that world. Landscape is a way of seeing the world"* (COSGROVE 1984, S. 13).

Landschaftsdarstellung ist immer abhängig von der Betrachtungsweise: „The ways in which landscapes look and how they are represented are caught up in the shaping of ideas – about race, morality, beauty, political authority, national identity, geographical knowledges – and social relations" (NASH 1999, S. 217). Laut COSGROVE (1984, S. 15) sind diese ideologischen Konzepte von Landschaft Ausdrucksformen bestimmter gesellschaftlicher Gruppen, mittels derer sie sich selbst, ihre Umwelt und ihre Beziehungen zur Natur deuten. So handelt es sich bei Landschaften – korrekter: dem Sehen von Landschaften als Element der Realität – „um eine historisch entstandene Kulturtechnik, eine spezifische Sicht auf die Welt, ... die nicht aus einer Materialität der Landschaft resultiert, sondern erlernt werden muss" (vgl. ASCHAUER 2001, S. 22).

Der Charakter einer Landschaft kann sich daher in Abhängigkeit von gesellschaftlichen Entwicklungen im öffentlichen Bewusstsein ändern, wie bspw. die Alpen im Zuge der touristischen Erschließung immer wirtlicher und ästhetischer geworden sind (siehe 2.1 – Die ästhetische Landschaft): „In other times there have been very different ways of thinking about representing the natural world" (NASH 1999, S. 217). Mit dem Prozess der Ästhetisierung, d. h. der ästhetischen Verarbeitung der Naturbedrohung durch Geometrisierung, wird deutlich, „dass es der Landschaftsästhetik von Anfang an nicht um die konkrete, reale Natur gegangen ist, sondern immer nur um Naturbilder, um Imaginationen von Natur und Landschaft, und damit um eine besondere Form der Naturbeherrschung, ihre Funktionalisierung zur Erzielung subjektiver ästhetischer Reize" (BÄTZING 1991, S. 140).

Der Mensch weist seiner räumlichen Umwelt symbolische und emotionale Bedeutungen zu. Touristen orientieren sich nun primär an solchen Bedeutungen, die ihnen als Image-Re-Konstruktionen präsentiert und/oder von neutralen Dritten vermittelt wurden. Nach WÖHLER (1998, S. 107) sind das Raum-Image und die Sichtweise des Touristen bereits eine mentale Konstruktion von Konstruktionen. Bei URRY (1990, S. 3) heißt es dazu: „The (tourist) gaze is constructed through signs, and tourism involves the collection of signs." Die Symbolik von landschaftlichen Standardmotiven scheint intersubjektiv verankert zu sein und besitzt damit „sowohl kollektiven als auch individuellen Bedeutungsgehalt" (vgl. JÜNGST 1984, S. 12).

Der räumlichen Stadtferne werden heute positive Werte wie bspw. „Ursprünglichkeit", „Natürlichkeit" und „Paradies" zugesprochen. Die Natur symbolisiert im allgemeinen „das Andere des Technischen, das uns alltäglich umgibt und ist deshalb für ideologisch und romantisch-verklärende Allegorisierungen prädestiniert" (HASSE 1997, S. 167). Dies führt zur Entkonkretisierung realer Landschaft und zur Stilisierung einer emotionalen und austauschbaren Urlaubswelt im Sprachlichen wie im Visuellen (vgl. JÜNGST 1984, S. 105 f.). Ureigene und zentrale Attribute einer Landschaft als Gesamtheit sind und bleiben, so ASCHAUER (2001, S. 21-23), komplex, „ganz", mannigfaltig, harmonisch und organisch. Wie COSGROVE will er das bildungssprachliche Verständnis von Landschaft berücksichtigt wissen, welches überwiegend auf dem Vokabular der (italienischen) Landschaftsmalerei beruht. Das Landschafts*bild* mutiert zur ästhetisch besetzten Landschaft (siehe 3.2.1 – Landschaftsmalerei, Literatur und Musik).

HASSE (1993, S. 14, 76) weist in diesem Zusammenhang noch auf die Bedeutung des Heimatbegriffs als Produkt und Abbild von Gesellschaft hin: Emotionale (Heimat)Beziehungen sind unverzichtbar mit der Landschaft verbunden, „aus der herausgelesen wird, was in die Heimat hineingeschrieben wurde." Historisch betrachtet sei Landschaft ein „gigantischer Verschiebebahnhof identitätsprägender Fiktionen". Wo früher die Malerei identitätsbestimmend wirkte, macht es sich in der postmodernen Design- und Kulturgesellschaft die Medien- und Warenästhetik zur Aufgabe, Heimat zu verheißen. Landschaften sind letztlich ein Produkt der Gesellschaft. Als gedankliche Konstrukte und Ergebnis von Ästhetisierungsprozessen bilden sie Raumbilder bzw. Images, die touristisch relevant sind und daher im folgenden definiert werden sollen.

2.3 Die Verbildlichung von Landschaft: Raumbilder, Images und Marken

KROEBER-RIEL (1993, S. 35) spricht generell von "äußeren" und "inneren" Bildern. Bei den *Äußeren* handelt es sich um Aufzeichnungen im weitesten Sinne, Aufzeichnungen realer oder fiktiver Gegenstände, die diesen ähnlich sind und daher wie diese wahrgenommen werden. Dazu gehören Gemälde und bewegte Szenenfolgen ebenso wie gedruckte Werbebilder, wie sie Gegenstand dieser Arbeit sind. Die *inneren* Bilder sind demgegenüber visuelle Vorstellungen eines Menschen und lassen sich in Wahrnehmungs- und "Gedächtnisbilder" (*mental* bzw. *memorial images*) unterteilen. Diese sind meist räumlicher oder sachlicher Art und werden i. d. R. durch interne Suchbedürfnisse (z. B. nach einem Urlaubsziel) oder durch bestimmte Reize ausgelöst (Bild, Ton, Duft etc.). Sie können kognitive und v. a. emotionale Wirkungen mit sich bringen und haben je nach Lebendigkeit und Gefallen Einfluss auf menschliches Verhalten (vgl. ebd., S. 40-43). Dies kann sich das Tourismusmarketing zunutze machen (siehe 4.3.2 – Imagerystrategien). Hier spricht man nicht von *Raumbildern*, sondern von *Images* und *Marken* – Schlagwörter, die in engem Zusammenhang stehen und für den Prozess der Landschaftsästhetisierung eine wichtige Rolle spielen. Die Übergänge zwischen diesen Begriffen sind jedoch fließend. Generell handelt es sich um mehr oder weniger komplexe Zeichen oder Zeichensysteme, die einen Raum ausmachen, mit Werten überziehen und in ihrer Auffälligkeit letztlich Orientierung darin ermöglichen. Die Zeichen können z. B. architektonischer Natur sein, aber auch verbal einen Raum kennzeichnen, indem sie bestimmte Assoziationen auslösen (vgl. PRIGGE 1987, S. 145 f.), z. B. ein Werbeslogan wie: "Eichstätt – Lebensgefühl und südliches Flair".

ASCHAUER (2001, S. 228) unterscheidet die bewusste, systematisch vermittelte Bildproduktion von den *eigentlichen* Raumbildern, die Ergebnis einer informationsvermittelnden, begreifenden Darstellung sind. Handelt es sich um Raumbilder, von denen die Fremdenverkehrsvereine sich wünschen, dass sie bei (potenziellen oder tatsächlichen) Gästen als solche haften bleiben, bzw. dass sie die vorhandenen Vorstellungen beeinflussen oder manipulieren, spricht man von *Images*. Diese legen sich gewissermaßen über die vorhandenen Raumbilder, verschwimmen zu einer komplexen, teilweise diffusen, gedanklichen Konstruktion.

KROEBER-RIEL (1993, S. 193) trifft zusätzlich eine klare Unterscheidung von *Image* und *Markenbild*. Das Image ist ein ganzheitlicher Begriff, der alle inneren Vorstellungen, Einstellungen oder Erfahrungen des potentiellen Interessenten zu einer Marke oder Firma umfasst, während das Markenbild die verfestigte, rein visuelle Vorstellung ist, die sich durch längerfristigen Einsatz von Bildern bzw. Bildelementen oder bildhafter Sprache einstellt – ein Ziel der Marktkommunikation. Images und Marken sollen die gedankliche Präsenz der Firma oder Region in der Zielgruppe absichern und sachliche oder emotionale Vorstellungen im Gedächtnis verankern. Die strategische Positionierung von *Urlaubsregionen* mittels Bildern resp. Images wird ausführlich in Kapitel 4 (Ökonomische Konstruktion) offengelegt.

Für die ästhetische Qualität und v. a. den Symbolcharakter einer Landschaft sind zentrale Elemente des Naturraums, ergänzt durch „exotische" kulturelle Eigenheiten, von großer Bedeutung, so z. B. historische Gebäude und Hausformen, Volkstrachten und Bräuche, aber auch die Mentalität der Bewohner. All diese Elemente haben über lange Zeit Stereotypen von der Region erzeugt und werden kanonartig in der Tourismuswerbung wie in allen Medien immer wieder reproduziert (siehe 3.2 – Medien konstruieren und 4.2 – Werbung ist Kommunikation). Das Image kann nun Elemente des Raumbildes aufnehmen, wird oft aber gerade zu dem Zweck erstellt, das eigentliche Raumbild zu verstecken, dem Raum eine neue „Verpackung" zu geben. „Images sind so nicht selten Versuche bewusster Täuschung" (PRIGGE 1987, S. 146) – Raumbilder mit geringer Substanz, eine Art Kopie, deren Wert hinter dem „Echten" zurückfällt. Dennoch geht ASCHAUER (2001, S. 241 f.) davon aus, dass sie sich in Bezug auf die Wirklichkeitsnähe von anderen Raumbildern lediglich in der Art des Adressatenbezugs unterscheiden.

2.3.1 Bild und Wirklichkeit

„Eine Welt selbstgeschaffener Zeichen und Bilder tritt dem, was wir die objektive Wirklichkeit der Dinge nennen, gegenüber und behauptet sich gegen sie in selbständiger Fülle und ursprünglicher Kraft" (CASSIRER 1983, S. 175 f.). Mythisch, religiös oder künstlerisch auf vielfältige Art und Weise idealisierte und codierte Welten existieren dank der „Kraft des inneren Bildens" (vgl. ebd., S. 176, 187). Was wir sehen, dechiffrieren und ästhetisieren wir vor unserem biografischen und gesellschaftlichen Hintergrund.

> *„Landschaften sind ... keine realen geomorphologischen Gestaltenensembles, sondern Bilder, die sich – abhängig vom Wechsel der Jahreszeiten und der aktuellemotionalen Disposition des Betrachter-Autors – im Augenblick der Begegnung gestalten; sie sind ‚Sehfiguren'"* (HASSE 1993, S. 13 f.).

Das Verhältnis von Bild und Wirklichkeit lässt sich mit dem „Schema der Wirklichkeitsebenen" von KROEBER-RIEL darstellen (siehe Abb. 1). Die Objektebene bezieht sich auf den Bereich der konkreten visuellen Erscheinungen. Die Darstellungsebene gibt einen konkreten Sachverhalt durch Bild und/oder Sprache wieder, welcher auf der dritten, der psychischen Ebene, beim Betrachter bildsprachliche Vorstellungen auslöst, die inneren Erfahrungen. Daher sind nach KROEBER-RIEL (1993, S. 37-40) „Bilder ... besonders dazu geeignet, eine zweite, fiktive Wirklichkeit zu schaffen." Generell stimmt er der Aussage zu, dass Bildkommunikation sowohl bewusst als auch unbewusst auf die menschliche Wahrnehmung und auf das Verhalten wirkt. Die individuellen Bilder, Kognitionen und Vorstellungen erweitern sich im Metabereich konsensartig und werden zum Stereotyp.

Ein gutes Beispiel für konstruierte Wirklichkeit sind die sogenannten *mental maps*, Symbole komplexer räumlich-sozialer Gegebenheiten, die durch die Zuweisung von Werten dazu dienen, Erinnerungen zu strukturieren, Wissenserwerb sowie Entscheidungen zu vereinfachen bzw. überhaupt zu ermöglichen. Die Vorstellungen vom Raum resultieren aus der Wahrnehmung desselben und bestimmen wiederum das (touristische) Verhalten. Hier werden kognitive und affektive Assoziationen mit Sachaussagen und Bewertungen verknüpft (vgl. ASCHAUER 2001, S. 51f). Entsprechend den räumlichen Verzerrungen und Standortabweichungen bei *mental maps* treten bei allen Raumbildern Divergenzen auf, die u.U. durch Medien einseitig erzeugt sein können. Eine „objektive Wirklichkeit" gibt es de facto nicht (siehe 3.2 – Medien konstruieren).

Abbildung 1:   Schema der Wirklichkeitsebenen

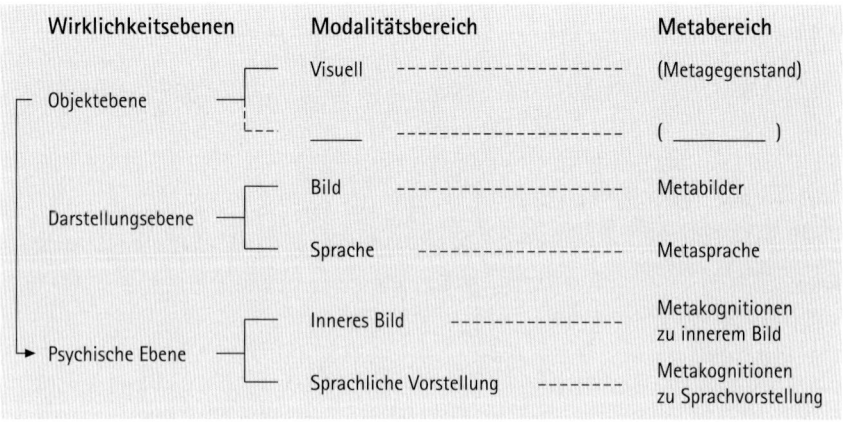

Quelle: KROEBER-RIEL 1993, S. 37

Durch Fiktion sind die Menschen in der Lage, eine Beziehung zu Ihrer Umwelt herzustellen, wobei die Emotionalisierung eine wesentliche Rolle spielt. Das Individuum ist selbst Medium im Verhältnis zu dem ihn umgebenden Natur- und Kulturraum, in welchem es sich selbst konstituiert. Durch Einbildungskraft, Selbstreflexion und Symbolfähigkeit kann es diese in Form von „Zwischenräumen" inszenieren. Diese Fähigkeiten hat sich der Mensch im Prozess der Zivilisation angeeignet: Er inszeniert sich Zwischenräume, aus denen heraus er verständigungsorientiert handeln kann (vgl. Hasse 1997, S. 15 f., 13 f.). „Als symbolfähiges Wesen kann der Mensch zu allen Gegenständen eine ästhetische Einstellung einnehmen. Die Natur ... ist ein Spiegel des eigenen Selbst" (ebd., S. 167). Die Zeichen stehen zwischen Gegenstand und Mensch und schaffen die einzig mögliche, adäquate Vermittlung und das Medium, durch welches uns irgendwelches geistiges Sein erst fassbar und verständlich wird (vgl. Cassirer 1983, S. 176).

2.3.2 Zur Symbolfähigkeit des Menschen

Bilder wirken auf uns Menschen ähnlich flüchtig wie Laute. Der Philosoph Ernst Cassirer erörtert eingehend den Prozess der Bild- und Zeichendeutung. Im Geist vollzieht sich die Leistung „symbolischen Formens" wie folgt: Das „Allgemeine" trifft im „Kreise des Sinnlichen" auf das „Besondere", fügt sich zu einer wahrhaften konkreten Einheit, und zwar immer dort,

> *„... wo das Bewusstsein sich nicht damit begnügt, einen sinnlichen Inhalt einfach zu haben, sondern wo es ihn aus sich heraus erzeugt. Die Kraft dieser Erzeugung ist es, die den bloßen Empfindungs- und Wahrnehmungsinhalt zum symbolischen Inhalt gestaltet. In diesem hat das Bild aufgehört, ein bloß von außen Empfangenes zu sein; es ist zu einem von innen her Gebildeten geworden"* (Cassirer 1983, S. 177).

Die ästhetische Auffassung räumlicher Formen, das Gefühl für Proportion und Symmetrie wurzeln unmittelbar in sinnlichen Elementargefühlen unseres eigenen Körpers. Doch erst indem wir uns der Erzeugung dieser Formen in uns selbst bewusst werden, erhalten wir ein wahrhaftes Verständnis räumlicher Formen. Das Symbol als „Energie des Geistes" (vgl. ebd., S. 175, 178) ist von grundlegender Bedeutung für das *Erleben* von Ästhetik. „Indem wir die Eindrücke, die von außen auf uns einzudringen scheinen, nicht bloß wie tote Bilder auf einer Tafel betrachten, sondern indem wir sie mit der Lautgestalt des Wortes durchdringen, erwacht in ihnen selbst ein neues vielfältiges Leben" (ebd., S. 178).

Psychologisch gesehen lassen sich Landschaften und einzelnen Landschaftselementen bestimmte Symbole zuordnen. Laut Leuner (1980, zitiert in: Jüngst 1984, S. 13) können dies ganz alltägliche Symbole fachlicher, historischer, literarischer, ästhetischer oder psychologischer Art sein. So verbergen sich hinter dem „Basismotiv Wiese" überwiegend positive Phantasien wie der Garten Eden, Sommer, Fruchtbarkeit, Ruhe etc. Fließende Gewässer gelten „als Leitlinie der emotionalen Entwicklung und Entfaltung der Person" (von der Quelle bis zur Mündung). Bergmotive implizieren die männlich-väterliche Welt; der Wald, Symbol des Unbewussten, kann sowohl als bergender Ort der Sicherheit, aber auch als Ort drohender Gefahren erlebt werden. CRANG (1998, S. 36-41) geht auf die symbolische Konstruktion von Raum durch Glauben, Identität und Ideologie im Zusammenhang mit Macht und der Aneignung von Raum ein. Landschaft kann z. B. durch architektonische Symbole geprägt und codiert sein, wenn sich religiöse, politische oder ideologische Machthaber ihre (Prestige)Bauwerke setzen.

JÜNGST u. a. (1984, S. 95-103) haben fremdenverkehrsrelevante Landschaftselemente untersucht. Bereits Namensgebungen wie „Märchenwald" oder „Kaiser-Wilhelm-Blick" reichten aus, um eine Landschaft touristisch interessant erscheinen zu lassen. Aus einem Gesamtbild mit vielfältigen, ja gegensätzlichen Informationen lösten sich Attribute als „Signalträger" heraus, die als „typisch" und repräsentativ für eine Umwelt gewertet, in der Phantasie entsprechend arrangiert werden und so den Reiz einer Landschaft bestimmen. So wie eine Palme für die Südsee steht, kann ein mittelalterliches Schloss Symbol für die versunkene Romantik der Ritterzeit sein. JÜNGST geht von fest verankerten „Gruppenurlaubsbildern" aus, deren handlungswirksamen Mechanismen wir Menschen größtenteils unbewusst ausgeliefert sind. So gehören zur idealtypischen Urlaubslandschaft Elemente wie Sonne, Küste, Strand, Café, Wasser, Hügel, See, Meer, Wind, Fischerdorf, Felsen, Bucht etc. Ebenso existieren verhaltenssteuernde Stereotypen von Landschaften wie z. B. die „Kontrastlandschaften" Alpen – Nordsee (vgl. ebd., S. 31-38). Die Werbung knüpft an die verinnerlichten Symbole einer „Welt des schönen Scheins" an, den Gegensatz zur erlebten Realität des Alltags:

„In den Werbeprospekten der Tourismusindustrie wird jenem Arrangement von landschaftlichen Metaphern Rechnung getragen, und zwar in der Weise, dass symbolhaft besetzte Landschaftselemente so komponiert werden, dass sie von der Wahrnehmung des Verbrauchers leicht und schnell adaptiert werden können" (ebd., S. 33).

Aufgrund der hohen Symboldichte von Landschaften berühren diese jedoch nicht jeden Menschen in gleicher Weise und können auch nie völlig ausgedeutet werden (vgl. HASSE 1997, S. 156).

Um die Theorien der Landschaftskonstruktion zu veranschaulichen, wollen wir nun imaginäre Rauminhalte anhand der Fallbeispiele Schwarzwald und Thüringer Wald betrachten. Wie sehen diese Ferienregionen in unseren Köpfen aus? Für die Zusammenstellung und Erörterung der verbreiteten Klischees und Symbole wurden neben den Ergebnissen der geführten Leitfadeninterviews auch Reiseführer, Bildbände und

Heimatbücher i. w. S. verwendet. Gerade Reiseführer bereiten Stereotypen im Interesse des Touristen auf (siehe 3.2.2 – Touristische Medien). Die Werbung von Fremdenverkehrsverbänden wiederum baut auf den Vorkenntnissen der potenziellen Gäste auf. Sie nutzt die vorhandenen Imaginationen und setzt sie ganz bewusst in Szene.

2.4 Der imaginäre Schwarzwald

Zu den touristisch besetzten „Standard-Assoziationen" des Schwarzwaldes gehören: Der rote Bollenhut, die Kuckucksuhr, ein Tannenwald, die Kirschtorte, Schinken, die „Schwarzwaldklinik" (Fernsehserie), die „Schwarzwaldmühle" (Operette), die Stadt Freiburg i. Br., der Schäppel (Braut-Kopfschmuck) und vieles mehr. Die Einheimischen werden am ehesten als Alemannen, Schwaben oder schlicht Schwarzwälder identifiziert. Diese haben z. T. ganz andere Vorstellungen von ihrer Heimat und verbinden damit eher regionale Berühmtheiten. Im Winter rücken *Sport*nachrichten den Schwarzwald in den Brennpunkt des Interesses; Medienberichte über das Waldsterben erzeugen Ängste und verstärken die emotionale Bindung an den „von den Deutschen so geliebten Wald" (vgl. u. a. HAUBRIG/HUG 1991, S. 9, 11). Laut Matt-Willmatt ist die Architektur neben der Landschaft das wichtigste Erkennungszeichen des Schwarzwaldes (sprich: das Schwarzwaldhaus). Das „Mittelgebirge mit Schwarzwald – *die* Landschaft der deutschen Seele" – biete „einmalig gute Gourmet- (Essen und Trinken), Wellness- und aktive Freizeitmöglichkeiten" (Interview 1, Frage 4). Matt-Willmatt würde den Schwarzwald mit wenigen Worten als „Grünen Riesen" bezeichnen. Dieser sei in Gesamtdeutschland „sehr gut bekannt", und zwar vor allem für Wandern und Kuren. Gemäß einer Untersuchung des Studienkreises für Tourismus aus dem Jahre 1981 und bestätigt durch eine Marketingstudie des Schwarzwald-Tourismusverbandes von 1992, ordnet der Urlauber dem Schwarzwald außerdem folgende Attribute zu: Waldeinsamkeit, Ruhe, wohltuendes und gesundes Klima, freundliche Menschen, Pilze, Kultur und Sehenswürdigkeiten, gutes Essen, Nähe zum Bodensee, zu Frankreich und zur Schweiz. Man will sich hier bei guter Luft erholen, „Natur und Landschaft genießen". Sehr wichtig sind dem Urlauber umweltverträglicher Tourismus und eine gesunde Lebensweise (vgl. KRAMER 1981, S. 136 sowie Schwarzwald Tourismusverband e. V. 1992).

2.4.1 Heimelige Höfe in dunklem Tann

Eine nicht zu unterschätzende Quelle für solche Imaginationen stellen Märchen und Sagen dar. „Das kalte Herz" von Wilhelm Hauff (zitiert in: FRANK 1987, S. 123) bspw. ruft Assoziationen von mächtigen Tannenwäldern hervor: „Wer durch Schwaben reist, der sollte nie vergessen, auch ein wenig in den Schwarzwald hineinzuschauen, nicht der Bäume wegen, obgleich man nicht überall solch unermessliche Menge herrlich aufgeschossener Tannen findet ..." Unheimlich und undurchdringlich zeichnet der Erzähler den „Tannenbühl", in dem die Sagengestalt „Holländer Michel" ihr Unwesen treibt. Und der Ausspruch: „Schatzhauser im grünen Tannenwald / Bist schon viel hundert Jahre alt / Dein ist all' Land, wo Tannen stehn / Lässt Dich nur Sonntagskindern sehn" (ebd., S. 141) bleibt wohl jedem Kind im Gedächtnis. Verzaubert schildert auch Mark Twain 1878 seine Begegnung mit dem sagenumwobenen schwarzen Wald:

„Diese erhabenen Wälder und die Empfindungen, die sie einem einflößen, lassen sich letztlich nicht beschreiben ... Diese Wälder erstrecken sich ohne Unterbrechung über ein gewaltiges Gebiet; und wo man auch hinkommt, sind sie so dicht und still, so tannig und duftend ... Die Stimmung des Geheimnisvollen und Übernatürlichen, die zu jeder Zeit über dem Wald liegt, wird durch dieses unirdische Licht noch eindringlicher" (zitiert in: Schwarzwaldverein e. V. 2001, S. 116).

Etwas sachlicher spricht der Baedeker-Reiseführer (1956, S. XXXIV f.) von den „dunklen Waldbergen" mit „tiefen Tälern", „wasserreichen Bächen" als landschaftlich reichstem aller deutschen Mittelgebirge, erhaben und lieblich zugleich. „Die mittleren Lagen des Gebirges deckt duftiger Fichten- und Tannenwald, dessen Moosteppich von Farnen und Beerensträuchern belebt wird. Namentlich der Reichtum an Edeltannen zeichnet den Schwarzwald vor anderen deutschen Mittelgebirgen aus."

Das Landschaftsbild ist auch stark durch die eigentümliche traditionelle Architektur bestimmt. Hier ist nicht das Dorf, sondern der Einzelhof siedlungsprägend: „Das Schwarzwaldhaus, eine Abart des Alpenhauses, hat alle Wohn- und Wirtschaftsräume unter einem großen, tief herabgezogenen Dach zusammengefasst, das ursprünglich mit Stroh oder Schindeln gedeckt wurde. Wenn es nicht als Einzelhof steht, dann in Gruppen als Weiler oder entlang der Talsohle als Waldhufendorf ..." (ebd., S. XLII f.). Die Bauweisen auf dem Gebiet des Schwarzwaldes sind sehr unterschiedlich. Auch vom eigentlichen Schwarzwaldhaus gibt es noch einmal Variationen. So ist es im mittleren Schwarzwald einfach und schwer, im Südlichen hingegen größer und reicher. Volkstümlich geworden sei das besonders malerische Kinzigtäler Haus mit hohem Kellersockel (für Obst) und zwei Balkonen an der überwalmten Giebelseite; ebenso wie das sehr symmetrische, niedrigere Gutacher Haus mit tief herabgezogenem Walm (vgl. ebd., S. XLIII). Hier lässt sich, ähnlich wie in den Alpen, auch für das ästhetische Schwarzwald-Bild die Bedeutung des Kontrastes von heimeligem, menschlich Geschaffenen, mit der „wilden, undurchdringlichen Natur" nachvollziehen (siehe 2.1 – Die ästhetische Landschaft).

2.4.2 Ein Stück deutsche Landschaft: Romantisch-traditionelle Gemütlichkeit

Der Urlauber nimmt im Schwarzwald an erster Stelle „landestypische Spezialitäten", dann „Land und Leute" wahr. Als typisch werden hier die „Heimeligkeit" und „Herzlichkeit" empfunden („sich sicher und geborgen fühlen" ist neben den Nahverkehrsangeboten und Ausflugsmöglichkeiten ins Nachbarland einer der wichtigsten Ansprüche der Schwarzwald-Urlauber). Dazu gehören nicht nur liebenswerte, gutbürgerlich-traditionsverbundene Gastgeber, sondern auch die waldreich-natürliche, romantische Gebirgslandschaft (vgl. Schwarzwald Tourismusverband e.V. 1992). Der Spiegel (44/1985, S. 297) sprach im Zusammenhang mit der „Schwarzwaldklinik" vom Schwarzwald als einem „metaphysischen Ort", der eher auf der „imaginären Landkarte des Gemüts" als auf bestimmten geographischen Koordinaten liege. Über volkstümliche Dichtung, Musik, Heimatfilme und Fernsehserien wurde und wird ein überaus romantisches, teilweise sehr kitschiges Bild der Region und seiner Einwohner erzeugt (siehe Exkurs 1). HAUBRIG/HUG (1991, S. 11) gehen davon aus, dass trotz der hohen Übernachtungszahlen (über 20 Mio./Jahr) die *indirekte* Wahrnehmung über die Medien für das öffentliche Schwarzwaldbild von größerer Bedeutung als die direkte ist.

In den 1920er und 30er Jahren erlangte die Operette „Schwarzwaldmädel" des jüdischen Komponisten Leon Jessel (1871 – 1942) mit über 900 Aufführungen deutschlandweite Bekanntheit (vgl. SCHNEIDERET 1955, S. 217f.). In den 1950er Jahren wurde der Schwarzwald zur bevorzugten Kulisse und „Nische" für Heimatfilme und Heimatromane: „Die Mühle im Schwarzwälder Tal" (1953), „Die Rosel vom Schwarzwald" (1956) (vgl. Spiegel 44/1985, S. 296f.). In den 1980er Jahren hielt schließlich die legendäre „Schwarzwaldklinik" ihren medialen Einzug in die deutschen Haushalte. Die erfolgreiche Seifenoper verarbeitete zahllose raumbild-relevante Merkmale der Region – für *die Masse*.

Exkurs 1: Klischeefabrik „Schwarzwaldklinik"
(erstmals am 22.10.1985 im ZDF ausgestrahlt)

Die bis dahin erfolgreichste Serie der BRD mit einer Einschaltquote von 61 % war von einem immensen Medienrummel begleitet (Fernseh- und Frauenzeitschriften, Schallplatte, Buch zur Serie etc.). „Jeder (der mag) kann sich da identifizieren" so der Spiegel (44/1985, S. 290f., 301). Beim Publikum waren die Frauen mit 57 % leicht überrepräsentiert; das Durchschnittsalter betrug 44,8 Jahre (vgl. RÖSSLER 1988, S. 94-98).

Laut einer Studie aus dem Jahre 1988 nehmen die Zuschauer in erster Linie die „gute Welt der Ärzte" wahr. Sie ordnen der „Schwarzwaldklinik" überwiegend positiv besetzte Inhalte wie „Hilfsbereitschaft", „Geborgenheit" oder „Sinn des Lebens" zu (vgl. ebd., S. 99-108, 149). Die „Schwarzwaldklinik" wird als relativ realistisch eingestuft, was sich durch die „größere kulturelle Nähe der Heimatserie" und die Behandlung von Alltagsproblemen erklären lässt. Immerhin 41,6 % der Befragten glauben, dass die Schwarzwaldklinik „typisch" für Deutschland sei. Positive Akzente setzt neben der Thematik (27,5 %) v. a. **die schöne Landschaft** (40 %) (vgl. ebd., S. 117-119, 143 f.).

Der Erfolg beruht auf der „Zuwendung zur Traumwelt der Massenmedien als Entschädigung für Entfremdung und Deprivation in den modernen Gesellschaften" (ebd., S. 37). Durch den täglichen Konsum entsteht eine Vertrautheit und glaubwürdige Lebensnähe, obgleich bestimmte Inhalte über- andere unterrepräsentiert bzw. ausgeblendet oder trivialisiert sind. Die Serie transferiert Botschaften und Vorstellungen einer heilen Welt, wobei im Gesamteindruck v. a. die ideellen Werte bestechen: Moral, Harmonie, Liebe, Gerechtigkeit. Die Schwarzwaldklinik stellt insbesondere die alten Bezugspunkte „väterlich-patriarchalischer Ordnung", „Autorität", oder „Leistung und Ethos" wieder auf. Die „heile Welt" der Schwarzwaldklinik wird durch den **Ort der Handlung** noch unterstrichen und trägt zur Entspannung des Zuschauers bei (vgl. ebd., S. 53, 148, 151).

Der Spiegel (44/1985, S. 294, 296) kritisiert die Serie gar als „Eskalation des Stumpfsinns" und „hemmungslosen Rückfall in die Gemütslage der fünfziger Jahre – dorthin, wo Kitsch und Sentimentalität, falsche Innerlichkeit und ein sich gegen alles Neue verzweifelt anstemmender Konservatismus lebten und webten." Ähnlich dem Heimatfilm der 1950er Jahre, in dem sich das Völkische der Nazizeit in das *Volkstümliche* verwandelte, und in den man vor sich selbst oder vor der Nachkriegswirklichkeit flüchten konnte, wird auch hier das Bild einer unversehrten Landschaft hoch gehalten, in der die wohlerzogenen Kinder selbstverständlich in Trachten auftreten. „Dieses Sehnsuchtsland, in dem es von Förstern und Kuckucksuhren, adretten Mädeln in kleidsamer Schwarzwaldtracht und holzgeschnitzten oder wurmstichigen Menschen nur so wimmelte, stand mit seiner anachronistischen Sentimentalität in krassem Gegensatz zur Landflucht der fünfziger Jahre" (ebd., S. 297).

So entlarvt der Spiegel unverhohlen die Widersprüche der Serie: „Irgendwo im Südschwarzwald liegt das Siechenhaus, der Titisee blinkt von fern, kein saurer Regen hat die hinterwäldlerische Idylle versaut" (ebd., S. 291). Die

> Heimatlüge pointiere sich in dem Gebäude der Schwarzwald-Klinik – einem Kurheim; auch das Gehöft des Prof. Doktor Brinkmann war so unversehrt und heimatecht nur noch schwer aufzutreiben – es ist eigentlich ein Heimatmuseum. Insgesamt sei die Serie stark „historisch geschminkt", so musste für das grüne, unverbaute Klinik-Ambiente an 32 Orten gedreht werden: „auf einem Haufen war die Idylle schon gar nicht mehr zu haben" (ebd., S. 296f.). Nicht nur die Personen und Handlungen, sondern auch der Ort sei bis zum Klischee hin typisiert: „Dumme Dialoge, plumpe Lebensweisheiten, ... simple Handlungsstränge ... Hinzu kommen die Bilderidyllen aus dem Schwarzwald, die eindeutige, alles noch einmal verklärende Musik ..." (Funk-Korrespondenz 44/1985, zitiert in: RÖSSLER 1988, S. 56).

Neben dem Medium Fernsehen verbreitet auch eine große Zahl an Bildbänden das *urige* Schwarzwaldbild, z. B. der von Nicolaus Reiter, wo es heißt: „Hier werden ... noch Lebens- und Handwerksformen, Bräuche und Trachten, althergebrachte Beschäftigungen gepflegt, die andernorts kaum mehr bekannt sind" (ebd. 1987, S. 8). REITER will den authentischen, unverdorbenen Schwarzwald zeigen, zu dem sowohl die größte Kuckucksuhr der Welt, das jahrhundertealte Bauernhaus, der ‚urtümliche Bewohner mit struppigem Bart und verwittertem Gesicht', die verstreuten Höfe und die Trachten, aber auch die „bereits als kitschig verrufene Kuckucksuhr aus dem Souvenirshop" gehören. Dazwischen stehen subjektive Darstellungen der Landschaft in Form von romantischen Gemälden oder volkstümlicher Dichtung (vgl. ebd. 1987, S. 8f.).

In seinem Märchen „Das kalte Herz" geht auch Wilhelm Hauff (zitiert in: FRANK 1987, S. 123-125, 157) auf den eigentümlichen Menschenschlag ein, er spricht von „kräftigen Gestalten mit freundlichen, treuen Gesichtern". Bis ins Detail beschreibt ihre Mythen, Handwerke (vom Holzfäller bis zum Uhrmacher) und Trachten:

> *„Am schönsten kleiden sich die Bewohner des badischen Schwarzwaldes; die Männer lassen sich den Bart wachsen, wie er von der Natur dem Mann ums Kinn gegeben ist, ihre schwarzen Wämser, ihre ungeheuern, enggefalteten Pluderhosen, ihre roten Strümpfe und die spitzen Hüte, von einer weiten Scheibe umgeben, verleihen ihnen etwas Fremdartiges, aber etwas Ernstes, Ehrwürdiges"* (ebd., S. 123).

Die Trachten stellen zweifellos einen wichtigen Teil der Schwarzwald-Romantik dar. Insbesondere der rote *Bollenhut* hat hier Berühmtheit erlangt (siehe Abb. 2). Obwohl ursprünglich, wie alle Trachten, nur in einer eng begrenzten Region und nur an Festtagen von jungen Mädchen bis zu ihrer Hochzeit getragen, ist dieser gleichsam zum

Markenzeichen des Schwarzwaldes geworden und heute weltweit bekannt: „Selbst wer noch niemals den Schwarzwald bereist hat, kennt diese Kopfbedeckung." Nicht von ungefähr findet er in der Werbung für Süddeutschland bzw. auch ganz Deutschland Einsatz (vgl. HAUBRIG/HUG 1991, S. 11, 138 sowie Gästezeitung des Schwarzwald-Tourismusverbandes 6/1999, S. 39).

Abbildung 2: Der Gutacher Bollenhut: Weltweit bekanntes Symbol mit Tradition; seit 1995 in stilisierter Form Logo für den Schwarzwald-Tourismusverband

Quelle: Schwarzwald-Tourismusverband e. V., Freiburg i. Br. 2005

2.5 Der imaginäre Thüringer Wald

Fragt man Menschen außerhalb des Thüringer Waldes, was ihnen zu dieser Region einfällt, so kann man am ehesten folgende Stichworte erwarten: Rennsteig/Rennsteiglied, Wandern und Wintersport, Oberhof, die Wartburg, Goethe, der Inselsberg, auch die Thüringer Rostbratwurst oder einfach „grün". Dennoch scheint es, dass diese Assoziationen eher zögerlich und auch nicht eindeutig kommen. Sicher muss man hier zwischen alten und neuen Bundesländern differenzieren, wie Brückner vom Fremdenverkehrsverband Thüringer Wald bestätigt. Im Osten Deutschlands sei die Urlaubsregion sehr viel bekannter (Interview 2, Frage 4); die Bevölkerung der alten Bundesländer hat scheinbar keinen so intensiven Bezug zu dieser Landschaft. Erst mit der Wiedervereinigung rückte sie aus ihrer peripheren Grenzlage wieder ins Zentrum Deutschlands (vgl. GRUNDMANN 2001, S. 36). So kam die Mehrheit der Urlauber im Jahr 2001 zwar aus Thüringen selbst, allerdings bereits dicht gefolgt von Nordrhein-Westfalen (siehe Tab. 2).

Tabelle 2: Urlauber im Thüringer Wald nach Herkunft 2001 (Deutschland)

Bundesland	Prozent
Thüringen	19 %
Nordrhein-Westfalen	15 %
Hessen	11 %
Baden-Württemberg	10 %
Bayern	9 %
Sachsen und Niedersachsen	je 8 %
Rheinland-Pfalz und Sachsen-Anhalt	je 4 %
Berlin	3 %
Brandenburg, Mecklenburg-Vorpommern, Schleswig-Holstein	je 2 %
Hamburg, Bremen und Saarland	je 1 %

Quelle: Fremdenverkehrsverband Thüringer Wald e. V. 2002 (9.592 befragte Urlauber)

In den alten Bundesländern ist der Thüringer Wald als Mittelgebirge zwar ein Begriff, allerdings kann man ihn nicht genau verorten. Am ehesten ist er noch als die Heimat erfolgreicher deutscher Wintersportler bekannt, wenngleich bekannte Wintersportorte wie Oberhof wiederum eher „irgendwo im Osten" liegen. Ebenso die Wartburg, die für sich allein zwar gleich eine ganze Reihe von Assoziationen auslöst (vom Sängerkrieg über Martin Luther bis hin zur Heiligen Elisabeth), jedoch nicht direkt mit dem Thüringer Wald in Verbindung gebracht wird. So entsteht der Eindruck, dass es hier solch „charakterfeste" und eindeutige Klischees wie für den Schwarzwald (noch) nicht gibt.

Generell wird auch im Thüringer Wald die Architektur als prägend empfunden: Schiefergedeckte Häuser verleihen, über den gesamten Gebirgsteil verbreitet, der Landschaft einen unverwechselbaren Charakter (vgl. TAEGER 1992, S. 10). Der Dichter Carl HERZOG (zitiert in: ebd., S. 10) schwärmte im Jahre 1832 von den „Eigentümlichkeiten" der Gegend und seiner Bewohner: von der Erholsamkeit nach langer Arbeit, dem „Genusse in der schönen freien Waldluft", der lehrreichen Natur und der Handwerkskunst. Der dänische Dichter Andersen-Nexø (1869 – 1954, zitiert in: WOLFF 1991, S. 132) unterstreicht in seiner Novelle „Die Puppe", welche in der Umgebung von Finsterbergen/Waltershausen spielt, die einmalig „fleißige und fingerfertige Bevölkerung Thüringens". Zu den traditionellen und bekannten Heim- und Manufakturprodukten des Thüringer Waldes zählen Glas und Zierkeramik, Heilkräuter, Christbaumschmuck oder die Ruhla-Uhren.

Zu erwähnen sind auch die Sehenswürdigkeiten des angrenzenden Thüringer Schiefergebirges, dessen landschaftliches und kulturelles Potenzial erst nach der Wende für den Tourismus erschlossen wurde. Überregionale Wanderwege und touristische Straßen wie die Thüringisch-Fränkische Schieferstraße, Bier- und Burgenstraße, Deutsche Alleenstraße und Thüringer Porzellanstraße haben seither erheblich zum Bekanntwerden der gesamten Region beigetragen. Ausflugs- und Wochenenddestinationen sind die Talsperren sowie die Stadt Saalfeld mit den ‚Feengrotten' (vgl. GRUNDMANN 2001, S. 37). Die Thüringer Bratwurst, eine Spezialität, die symbolisch für ganz Thüringen steht, werden Auswärtige u.U. auch mit dem Thüringer Wald im speziellen verbinden. Dieser stellt neben „Klassikerstädten" wie Weimar das Hauptreiseziel des Freistaates dar. Mit 50 % aller Übernachtungen steht er hier auf Platz Eins (siehe Abb. 3).

Abbildung 3: Regionale Verteilung der Übernachtungszahlen in Thüringen 2001

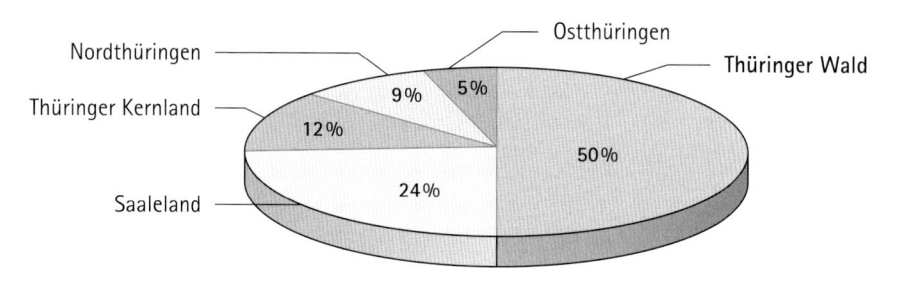

Quelle: Thüringer Tourismus GmbH, Erfurt 2001

2.5.1 Das grüne Wanderer-Eldorado

Im Gegensatz zum Schwarzwald, mit dem man aufgrund jener dichten Tannenwälder u. U. tatsächlich *schwarz* assoziiert, schätzt man den Thüringer Wald eher *grün* ein. Neumanns Landschaftsführer spricht von einer „seit jeher vielgerühmten Landschaft", in der „formenreiche, weitläufige Natur und Zeugnisse von Geschichte und Kunst sehr harmonisch einander begegnen, ja ergänzen". Der begrünte Höhenzug, inmitten von Deutschland gelegen, erhebt sich weit über das Vorland hinaus (vgl. TAEGER 1992, S. 9). Der Slogan „Thüringen – Das grüne Herz Deutschlands", bereits vor 1920 verwendet, erscheint heute auch nicht zufällig wieder im Logo der Thüringer Tourismus GmbH: „Tatsächlich ist der Thüringer Wald, der sich im Verständnis seiner Menschen vom Gebiet um Eisenach im Nordwesten bis in die Höhen um Saalfeld, Neuhaus und Lauscha im Südosten erstreckt, eines der größten geschlossenen Waldgebiete der Bundesrepublik" (ebd., S. 9). Die starke Bewaldung verleiht dem Thüringer Wald seinen besonderen Reiz. (Interview 2, Frage 4). Populär ist auch er als tannendurchrauschtes Bergland geworden, bspw. durch den erwähnten ANDERSEN-NEXØ:

> „Bergauf und bergab erstreckt er sich, und so viele Tannen sind in ihm, dass jeder Mensch auf Erden seinen eigenen Weihnachtsbaum kriegen könnte ... Schulter an Schulter stehen die Tannen des Thüringer Waldes und wiegen sich wie ein schlummerndes Heer: eingeschlafene Riesen, in sich selber eingehüllt. Unter ihren hohen Wipfeln ruht unerschütterlich der Ernst, als sei er die Ewigkeit, und um ihre Wipfel rauscht es jederzeit, in Sturm wie in Stille. Zu ihren Füßen aber herrscht ständig trauliches Behagen – nichts ist so weich und einladend wie das Moospolster unter den Tannen" (aus der Novelle „Die Puppe", zitiert in: WOLFF 1991, S. 130 f.).

Dennoch ist das Grün heute kaum mehr durch die Tanne bestimmt, als vielmehr durch verschiedene Laubbäume und Sträucher (vgl. TAEGER 1992, S. 22). Als wichtigster und bekanntester Bestandteil gilt der bereits erwähnte *Rennsteig*, dessen touristische Erschließung auf den Gothaer Topographen Julius von Plaenckner ab 1830 zurückgeht. In Andersen-Nexøs Novelle heißt es darüber:

> „Hier oben kann man Tage und Wochen wandern, ohne einem Menschen zu begegnen. Ab und zu erschallt der Axtschlag eines Holzfällers aus dem Dickicht, oder der einsame Weg schlängelt sich auf einen Vorsprung hinaus, und man sieht hinab über ein Tal, wo ein Dorf halsbrecherisch an der Flanke des Berges hängt" (aus der Novelle „Die Puppe", zitiert in: WOLFF 1991, S. 132).

Der geschichtsträchtige Pfad (1330 erstmals erwähnt) ist bis heute der bekannteste Wanderweg Thüringens; als „Pfad der heiligen Wasserscheide", „Kultusweg der Thüringer", einstige Kurier-, Grenz- und Handelsroute übertrifft er die übrigen Rennsteige im deutschen Sprachraum (über zweihundert) an Popularität und Ausdehnung bei weitem (vgl. TAEGER 1992, S. 152). Entlang des Kammweges mit 168 km Länge und einem Höhenunterschied von 777 Metern stößt man auf vielfältige Landschaftsbilder, die den Thüringer Wald ausmachen: „malerische Wiesen zwischen reizvollen Bergen", „würzige Waldluft", Eichen-, Buchen- und v. a. Fichtenwälder, den Großen Inselsberg als bekanntesten Aussichtspunkt – Hochmoore, Wintersporthochburgen wie Oberhof u. v. m. (vgl. u. a. ebd., S. 9, 46, 151-153).

Bekannt geworden ist der Thüringer Wald mit dem Rennsteig auch durch die Musik. Die Lieder von August Trinius, *dem* „Thüringer Wandersmann" (vgl. ROTH 2001, S. 6) sind heute vielleicht weniger bekannt. Das volkstümliche „Rennsteiglied" von Herbert Roth aus Suhl allerdings wurde in den 1950er Jahren zur „Hymne" des Thüringer Waldes: „Diesen Weg auf der Höh'n bin ich oft gegangen / Vöglein sangen

Lieder / Bin ich weit in der Welt hab ich das Verlangen / Thüringer Wald nur nach Dir." Die großen Holztafeln mit dem „R" (zu Beginn des Weges in Hörschel oftmals mit Blumen geschmückt) bzw. das weiß auf die Bäume gezeichnete „R" gelten seit fast 100 Jahren als Symbol des Rennsteigs (vgl. TAEGER 1992, S. 151). 1990 ist es zusammen mit der Tanne in das Logo des Fremdenverkehrsverbandes eingegangen (siehe Abb. 4 sowie Interview 2, Frage 2).

Abbildung 4: Symbol des Thüringer Waldes: Rennsteig-Beschilderung und Logo des Fremdenverkehrsverbandes Thüringer Wald

Quelle: Fremdenverkehrsverband Thüringer Wald e. V., Suhl 2002

2.5.2 Ein Hort deutscher (Kultur)geschichte: Wald der Dichter und Musiker

Der Rennsteig verbindet die Weite der Bergwelt mit den Spuren von Kultur und feudaler Politik. Im gesamten Thüringer Wald findet man tatsächlich zahlreiche sagenumwobene Burgen und geschichtsträchtige Stellen, die auch überregional bekannt sind. Allen voran die Wartburg als Wirkungsstätte der Heiligen Elisabeth und Martin Luthers, Hort deutscher Kunst und Philosophie (vgl. TAEGER 1992, S. 9, 41-45) und Schauplatz deutscher Geschichte: Im Jahre 1817 fand hier das *Wartburgfest* der deutschen Burschenschaft statt. Legendär ist bis heute die Namensgebung der Burg durch Ludwig den Springer (1067): „Wart' berg, du sollst mir eine Burg werden" (vgl. MADER 1990, S. 18 f.). In unmittelbarer Nähe befinden sich die Drachenschlucht und die literaturhistorisch relevante *Sängerwiese*. Die Stadt Eisenach wiederum wirbt für sich als Geburtsstadt Johann Sebastian Bachs (1685 – 1750).

In Anlehnung an touristischen Werbejargon könnte man vom *Wald der Dichter und Musiker* sprechen. Ein eigener Literaturreiseführer zeichnet detailliert die dichterischen Spuren im Thüringer Wald nach, von den Sängerkriegen auf der Wartburg über die

Hörselberge, welche als Kulisse für Richard Wagners „Tannhäuser" dienten (die Oper spielt größtenteils auf der Wartburg), Ludwig Bechstein, E. T. A. Hoffmann und dem erwähnten Andersen-Nexø bis hin zu den Klassikern Johann Wolfgang von Goethe und Friedrich Schiller (vgl. WOLFF 1991, S. 128 ff.). Insbesondere durch Goethe, der sich oft auf der Suche nach Inspiration von Weimar aus in die Ruhe der Landschaft des Thüringer Waldes zurückzog, sind viele Orte bekannt geworden: Auf dem Schwalbenstein soll er 1779 den vierten Akt der „Iphigenie" zwischen Sonnenaufgang und Sonnenuntergang geschrieben haben, auf dem Kickelhahn ritzte er 1780 das Gedicht „Über allen Gipfeln ist Ruh" in die Bretterwand einer Jagdhütte (vgl. MADER 1990, S. 22) und die Landschaft um das Schloss Wilhelmstal bei Eisenach könnte ihn zu seinen „Wahlverwandtschaften inspiriert haben (vgl. WOLFF 1991, S. 43). In den Dörfern Manebach und Stützerbach betrieb er botanische und geologische Naturstudien und zeichnet die ihm lieb gewordene Landschaft (vgl. TAEGER 1992, S. 111 f.). Heute führt der *Goethewanderweg* entlang den besagten Stationen.

Der Reiseschriftsteller August Trinius (1851 – 1919) hatte einen besonderen Bezug zum Thüringer Wald. In seinen zahlreichen Gedichten und Schriften war es ihm ein Anliegen, dem deutschen Volk die Liebe zur Heimat über das Wandern durch seine schönen Landschaften näher zu bringen. Damit legte er einen Grundstein für die touristische Erschließung des Thüringer Waldes (vgl. ROTH 2001, S. 5-7).

3   Gesellschaftliche Konstruktion von Raumbildern

Landschaftsvorstellungen wie die soeben Beschriebenen von Schwarzwald und Thüringer Wald sind sehr komplexe kognitive, oft klischeehafte Gebilde, die z. T. ganz unbewusst und auf verschiedenste Art und Weise entstehen. Hier spielen externe und individuelle Faktoren zusammen – politische Ereignisse und *Opinion Leader* ebenso wie persönliche Erfahrungen und Wahrnehmungsmuster. Hasse (1993, S. 14 f.) spricht die enge Verflechtung von Heimat und Landschaft, Fiktion und Identifikation, Ideologie und Kultur an: „Ihre Ränder verlaufen, und so werden diese Bilder erst wirklich. Der Leib fühlt sie – dem denkenden Sehen ganz fremd – in eine *Erlebnis*sphäre hinüber im Zerfließen von Assoziation und biographisch einschießender Erinnerung" (ebd., S. 14). Medien aller Art, von der Malerei und Musik bis hin zur (Reise)literatur, tradieren ebenfalls Raumbilder, die unsere Natur- und Landschaftswahrnehmung beeinflussen. Reklameindustrie und Massenmedien wissen diese Bilder gezielt einzusetzen.

Jede Wahrnehmung, jedes Raumbild ist zunächst bestimmt durch die individuelle Sozialisation, durch Erlebnisse und Interessen, die z. T. sehr verhaltenswirksame, innere Schlüsselbilder darstellen. Die Art der Selektion von Landschaftselementen wird erlernt, d. h. gesellschaftlich vermittelt (vgl. Wöhler 1998, S. 95, 105): „Die Erfahrungserweiterung des Menschen während seiner lebenszyklischen Entwicklung ist eingebettet in räumliche Strukturen und Muster, d. h. in sein Blickfeld geraten zwangsläufig Bilder, die von ihm gemäß seinen interaktionellen Erfahrungen ... besetzt werden, wobei die frühkindlichen Erfahrungen disponierend prägen" (ebd., S. 11). Jüngst (1984, S. 12) erwähnt in diesem Zusammenhang den Begriff der *Katathymie*, der Umformung des Denkens, Wahrnehmens und Erlebens durch affektive gefühlsmäßige Einflüsse.

Prigge (1987, S. 148-151) geht davon aus, dass soziale Gruppen mit ihren räumlich bezogenen Verhaltensmustern „virtuelle Träger" und „Präger" von Raumbildern sind (so z. B. die Hedonisten für das Raumbild des Südens). Diese Bilder können sich im Laufe der Zeit verändern, nivellieren, sich zwischen Gruppen verschieben oder universell werden:

„Everyone selects and filters, what they see and what they make of it. We might look at this through three ideas; biology, (physical and social) position and cultural frames ... Our images of the world are not simply our own, but are derived from social sources. Different cultures have different ways of seeing the world and representing it" (Crang 1999, S. 54 f.).

Die folgenden Kapitel sollen die verschiedenen Hintergründe und Zusammenhänge für die Konstruktion von Raumbildern im Tourismus systematisieren.

3.1 Die „touristische Brille": Landschaftswahrnehmung aus Sicht des Reisenden

Generell gilt: „Die Wahrnehmung von Landschaft erfolgt nach jeweils festgelegten, jedoch modifizierten Mustern und steht in Abhängigkeit vom Umfeld und Lebensstil der Reisenden: Wer reist wohin und welches Bild von Natur möchte er/sie dort realisieren" (SCHRUTKA-RECHTENSTAMM 2001, S. 24). Reisende haben durch ihre inneren Bilder bestimmte ästhetische Ansprüche an eine Region. Diese „Seh-Erwartungen" gehen den reellen Bildern immer voraus: „Wo Natur zur Landschaft wird, ist sie kulturell als Bild konstruiert" (HASSE 1997, S. 151 f.).

Die Urlaubsmotive spielen für die Prägung des Landschaftsbildes eine entscheidende Rolle. Kollektiv übergreifende Motive wie „Raus aus dem Alltag" und „Mal was anderes sehen" führen dazu, dass eben nur einzelne, subjektiv schöne, „erholsame" Landschaftselemente aufgenommen werden (siehe 2.1 – Die ästhetische Landschaft). Eine der Hauptreiseintentionen ist die Flucht aus (industrie)gesellschaftlichen Zwängen in ein müheloses Dasein. Diese Sehnsucht wähnt man insbesondere in der Natur zu erfüllen, die gleichsam als Gegenpol angesehen wird. Reiseerwartungen und das Erleben sind von den Vorstellungen aus dem Alltag getragen und lenken den Blick auf die Fremde. Der Wunsch, diese als (exotische) Gegenerfahrung zu erleben, trägt zur Fiktionalisierung touristischer Wahrnehmung bei (vgl. HENNIG 1998, S. 8). SCHRUTKA-RECHTENSTAMM bezeichnet die „Suche nach Authentizität", die Suche nach idyllischer, unberührter Natur, als wichtigen Schlüssel zum Verständnis der Moderne:

„Vor allem die Freizeit ist zu einem bedeutenden Faktor für die Erfüllung der Wünsche nach authentischem Erleben und der Suche nach dem wahren Selbst geworden. Die Suche nach Erfahrungen aus ‚erster Hand' ist ein Motor der touristischen Entwicklung. Der Urlaub ist im subjektiven Erleben jedes Einzelnen eine zutiefst persönliche und private Angelegenheit, die trotz der von außen wahrzunehmenden Konformität eine starke individuelle Komponente aufweist" (SCHRUTKA-RECHTENSTAMM 1998, S. 93).

Die Sehnsucht nach „ursprünglicher" Natur ist möglicherweise ein Zeichen unseres diffus noch vorhandenen Bewusstseins der eigenen Naturzugehörigkeit (vgl. HASSE 1997, S. 171), wenngleich diese „Natur" teilweise eher (Kultur)Landschaften mit Wegen oder einen gepflegten Wald impliziert. Vor diesem Hintergrund wird die

Fremde mehr oder weniger ausschnitthaft und stereotyp über Bilder erfahren und ästhetisiert, die sich schon vorher festgesetzt hatten, und die z. B. von Informations- und Werbemedien verbreitet werden (vgl. SCHRUTKA-RECHTENSTAMM 2001, S. 23, 28 und 1998, S. 86). Der Prozess der Ästhetisierung im Zusammenhang mit Landschaftswahrnehmung wurde zu Beginn der Arbeit bereits angesprochen und soll im folgenden Exkurs vertieft werden.

Exkurs 2: Zur Ästhetisierung von touristischen Räumen

Zunächst einmal konstruiert der Reisende seine Wirklichkeit durch die ganz persönliche „Brille". Selbst beim Ausflug in ein nie gesehenes Nachbardorf folgt er dabei einem Wunsch nach Beobachtung (vgl. HASSE 1997, S. 133). Dabei neigt er insbesondere dazu, die Landschaft zu ästhetisieren, was PRIGGE (1987, S. 151 f.) mit der „Entzauberung der beruflichen Existenz" durch die Trennung der Arbeitswelt von den übrigen Lebensbereichen im Zuge der Industrialisierung erklärt, die wir zu kompensieren versuchen. Psychische Belastung, bspw. durch gesellschaftliche Rollenzwänge verursacht, sucht vermehrt die Verzauberung des Ortes und der Situation (vgl. u. a. WORMBS 1981, S. 8).

Der Mensch achtet prinzipiell auf Objekte, die seinen präexistenten Bedürfnissen oder Werthaltungen entgegenkommen, ferner auf alles, was er wahrzunehmen gewöhnt ist bzw. erwartet und schließlich auf all das, was ihm in irgendeiner Form physischen oder sozialen Lustgewinn verspricht (vgl. LESCH 1992, S. 103). In Abhängigkeit von der Zeit und vom (Arbeits)umfeld ergeben sich also bestimmte touristische Verhaltens- und Wahrnehmungsweisen. Der selektive Blick ästhetisiert dabei zwar unbewusst, aber doch systematisch das Landschaftsbild. URRY bringt dies auf den Punkt:

„When we ‚go away' we look at the environment with interest and curiosity. It speaks to us in ways we appreciate, or at least we anticipate that it will do so. Such gazes are constructed through difference ... The gaze in any historical period is constructed in relationship to its opposite, to non-tourist forms of social experience and consciousness" (URRY 1990, S. 1 f.)

In ländlichen Gebieten, die weniger durch Ökonomie und Staat „kolonisiert" sind, konnten sich nun bestimmte traditionelle Lebensweisen, Landschafts- oder Architekturformen halten (vgl. PRIGGE 1987, S. 152); sie erscheinen in gewisser Weise „unberührt" und lösen Seh- und (Natur)erlebniserwartungen ein, wie sie ein moderner Stadtwald bspw. nicht erfüllen kann (vgl. HASSE

1997, S. 170). So werden Regionen wie der Schwarzwald oder der Thüringer Wald als Fluchtpunkte der Idylle erfahren.

Die unversehrte Natur ist in beiden Mittelgebirge seit jeher ein wichtiger Anziehungsfaktor für Touristen. Laut SCHRUTKA-RECHTENSTAMM (2001, S. 22) erleben wir die Natur heute entweder als „geeignete Umwelt für diverse Freizeitaktivitäten", als „Herausforderung und Abenteuer" oder auch als sehnsuchtserweckenden Ort, der uns durch reine Kontemplation mythisch zu entrücken vermag. Hierbei gelten oft immer noch die Vorstellungen der Romantik als Ideal. BÄTZING (1991, S. 141-143) weist am Beispiel der Alpen nach, dass die heutige Ästhetik noch stark von den (englischen) „Pionieren" des Alpentourismus geprägt sind. Dies habe sich lediglich mit der Etablierung von Winter- und Sommersportarten derart gewandelt, dass die Alpen nunmehr eine „Sportregion" darstellen, deren Freizeiteignung immer stärker durch technische Infrastrukturen und immer weniger durch die „Natur" bestimmt wird, welche nunmehr als austauschbare Bühne oder Kulisse dient.

Die Einheimischen selbst (re-)kommunizieren ein ästhetisches Raumbild, „an das heute auch die Bauern glauben und stolz die touristische Sicht auf das Tal hinunterblickend wiederholen ‚Sieht es nicht schön aus?'" (PRIGGE 1987, S. 149). Der Tourist wiederum fühlt sich bestärkt durch die „authentische" Bewertung des *Insiders*, den er wiederum ebenso als pittoresken Bestandteil der Landschaft wahrnimmt wie Bäume, Felder etc. (vgl. NASH 1999, S. 218). Der urtümliche Gastgeber wird ganz unbewusst in einfachen und positiv besetzten Lebensumständen inszeniert. Die so „folklorisierte" Atmosphäre passt sich in die Bilder des idyllischen Erlebens von Natürlichkeit ein. In dieser touristischen Gesamtkomposition verschmelzen Natur, Landschaft und Menschen zu einer harmonischen Einheit (vgl. SCHRUTKA-RECHTENSTAMM 1998, S. 93 f. und 2001, S. 25).

Je nach Urlaubsart und Fortbewegungsmittel konstruieren wir durch Beobachtungen unterwegs unsere Wirklichkeit (vgl. HASSE 1997, S. 133). Dem Schwarzwaldwanderer bspw. prägt sich folgendes typisches *Wald*erlebnis ein: Ausblick in die Weite, Schutzhütten und Bauernhöfe mit Vesperstube (vgl. HAUBRIG/HUG 1991, S. 13). Bei organisierten Rundreisen oder gezielter Besucherlenkung an touristisch stark frequentierten Orten werden perspektivisch verzerrte Raumvorstellungen vermittelt. Reisegruppen, die ausgewählte landschaftliche oder folkloristische Attraktionen ansteuern, bekommen oft ein sehr stereotypes Bild „vorgespiegelt". Sie *wollen* letztlich nur die sonnige, heitere Welt sehen, sich an ihren Schönheiten erfreuen und dabei das Alltägliche und

> Gefährliche ausblenden (vgl. u.a. MÜLLENMEISTER 1997, S. 109). Aus den Zwängen des Alltags entbunden, glaubt der Mensch, in der Freizeit das Andere des gefühlten Mangels noch finden zu können. Doch indem er die Bilder mit seinen Sinnen in eine angenehme Form zwingt, wächst die Herrschaft der Bilder zu einer „Ikonokratie" heran, und er prägt den Dingen mittels Klischees den Stempel des Schönen auf, so HASSE (1997, S. 110).

Lediglich Stammgästen könne sich ein halbwegs ‚authentischer Blick' bieten, so SCHRUTKA-RECHTENSTAMM (1998, S. 93). Der Fremde erkennt zwar, dass auch in der Ferienregion keine heile Welt existiert, betrachtet sie aber trotzdem weiter durch seine „rosarote Brille". Dieses Raumbild trägt sich selbst; es bedarf keiner Realitätsverankerung. Es entsteht eine realistische Fiktion, eine Art Hyperrealität, in der sich die Frage nach Echtheit und Authentizität nicht mehr stellt. Unpassende Elemente wie Hochspannungsleitungen, Müllberge, Autobusparkplätze werden wie von selbst aus dem Bild eliminiert (vgl. PRIGGE 1987, S. 149). Urlaubsfotografien sind besonders prägnante Formen dieser Ästhetisierung. Sie sind wie alle Bilder an gestalterische Grundmuster gebunden. Das menschliche Auge strebt nach Prägnanz; bei Bildern erleichtert uns diese, das Gemeinte zu erkennen. So gibt es eine gewisse „Bildtradition" touristisch beweisdienlicher Standardmotive, wie z.B. „die Freundin vor dem Eiffelturm" (vgl. KÖHNKE/KÖSSER 2001, S. 149-155).

Prägnanzbildung funktioniert in erster Linie symbolisch; die Zeichen und Figuren, Bilder und Bildelemente gewinnen ihre Aussagekraft durch das Abheben vom Hintergrund (vgl. ebd., S. 151 f. und 2.3.2 – Zur Symbolfähigkeit). Als landschaftlich *prägnant* erweisen sich, wie im vorangehenden Kapitel anhand von Schwarzwald und Thüringer Wald erörtert, die klischeebehafteten Elemente von der Architektur bis zur Tracht. Diese spezifische Leistung der menschlichen Wahrnehmung ist in ihrer Komplexität kaum zu begreifen, sie ist aber doch – in Überleitung zum nächsten Kapitel – „eine unabdingbare Voraussetzung für jegliche Wahrnehmung von Bildern; von Bildern jedoch, die ihrerseits bereits Resultate von Vorgängen der Prägnanzbildung sind, die deren Urheber vorgenommen haben" (ebd., S. 149).

3.2 Medien konstruieren Wirklichkeit

Unsere Welt konstituiert sich letztlich aus Symbolen verschiedener Zeiten, was auf einen Begriff zurück geht, der seit der Antike für unsere gesamte Kulturgeschichte relevant ist: *Mimesis*. Mimesis steht für nachahmende Darstellung und kommt insbesondere in Kunst, Literatur und Musik zum Tragen. Sie bezieht sich auf Vorhandenes, wobei es sich nicht unbedingt um Imitation handeln muss; wichtig ist die Wiederkehr gewisser Ähnlichkeiten. Dinge können in einem neuen Kontext gesehen und interpretiert werden, was wiederum eine neue Wahrnehmung zur Folge hat (vgl. GEBAUER/ WULF 1992, S. 44, 425, 433).

Auf diese Art und Weise werden Bestandteile der vorfindbaren Umwelt in ihrer symbolischen Konstitution von allen Medien verarbeitet und reproduzierbar gemacht. Mimesis bleibt eine freie Schöpfung von Menschen. Sie liegt zwischen einer symbolisch erzeugten und einer „anderen" Welt. Seit der Antike ist umstritten, welche Welt die wahre und welche das scheinhaft-illusionäre Spiel ist; die Übergänge zwischen Darstellung und Reproduktion, Schein und Wirklichkeit sind fließend. Die *Definition* von Realität durch bestimmte Zeichen kann, z. B. politisch inszeniert, Verhalten steuern (vgl. ebd., S. 431-436). So verwundert es nicht, dass sich ästhetisierende Elemente aus literarischen Landschaftsbeschreibungen oder Heimatliedern auch in den Reportagen moderner Reisemagazine wie in allen anderen touristischen Medien wiederfinden.

„Während in den vergangenen Jahrhunderten die Auswanderer aus dem Schwarzwald, aber auch die Uhren- und Glasträger und nicht zuletzt die Flößer ein Schwarzwald- und Schwarzwälderbild nach Amerika, England, Holland und Osteuropa transportierten, tun dies heute die Medien. Ihre Botschaften müssen die Aufnahmebereitschaft und Gefühle ihrer Empfänger berücksichtigen, um ein vorhandenes Image zu bestätigen oder ein neues zu prägen" (HAUBRIG/HUG 1991, S. 15).

Die bildlichen Vorstellungen im Gedächtnis gehen prinzipiell auf eine Vielzahl aufgenommener Reize zurück. Eine Pilot-Studie ermittelte (vorwiegend bei jungen Leuten) folgende Rangfolge für die Herkunft innerer (Marken)Bilder (siehe Tab. 3).

Tabelle 3: Herkunft der inneren Bilder

Ursprung innerer Bilder	Prozent
Unmittelbare eigene Erfahrungen	59 %
Fernsehen	18 %
Printmedien	6 %
Kombinierte Herkunft und keine Angaben	17 %

Quelle: KROEBER-RIEL 1993, S. 252

Der *direkte* Kontakt mit Produkten und Dienstleistungen ist also ausschlaggebend für die Bilder im Kopf. Für eine Tourismusregion mag dies ebenso zutreffen. Wie in der Zusammenstellung der Raumbilder beider Beispielregionen allerdings bereits in Kapitel 2 angeklungen, ist der Einfluss einzelner, sich aufeinander beziehender Medien nicht zu unterschätzen. Hinführend auf den Prozess der Imageprägung in der Werbung soll dieses Kapitel zeigen, wie Medien generell Einfluss auf unsere inneren Bilder nehmen.

3.2.1 Landschaftsmalerei, Literatur und Musik

Wenn Künstler das Landschaftsideal ihrer Zeit oder vorgreifend das kommender Zeiten gestalten, so ist das keine nachträgliche Interpretation „objektiver" Sinneswahrnehmungen, sondern ein besonderer, schöpferischer Akt. Die kreativen Köpfe einer jeden Epoche prägen nicht nur den jeweiligen Geschmack, sondern bilden geradezu das Auge (vgl. ASCHAUER 2001, S. 135). Der Tourismus konnte sich gerade in der engen Verbindung mit den fiktionalen Räumen der Literatur und bildenden Kunst entfalten. Wie in der Kunst verschwimmen auch hier oft die Grenzen zwischen Einbildungskraft und gelebter Erfahrung (vgl. HENNIG 1998, S. 7).

Insbesondere die Maler und Dichter der Romantik wie Caspar David Friedrich oder Josef von Eichendorff haben auf der Flucht vor der Industrialisierung Bilder erzeugt, die noch heute unsere Visionen von ästhetischer und ursprünglicher Landschaft prägen (vgl. WORMBS 1981, S. 25-36). Die Sächsische Schweiz bspw. wurde idealisiert, indem ihre Reize durch gezielt pittoreske Darstellung erhöht wurden. Mit der Betonung ihres Erlebniswertes hat die Landschaft für den Reisenden eine ästhetische Aufwertung erfahren. Wichtiges stilistisches Mittel für diese Form von Dramatisierung ist die *Stimmung*, oft verbunden mit einer Menschenleere, die allgemeine menschliche Sehnsüchte und Wünsche anspricht (vgl. KÖHNKE/KÖSSER 2001, S. 17, 48). Die romantische Kunst verklärte die Natur als faszinierende und einmalig schöne *Erlebniswelt*.

Dieses völlig neue Verständnis von „Natur" regte zunächst Adlige und gebildete Bürger, später auch Kaufleute und Industrielle dazu an, markante Berggipfel, spektakuläre Wasserfälle, verträumte Seen oder hervorragende Aussichtspunkte aufzusuchen. Mit solchen Naturerscheinungen wurden gegenüber der übrigen, „langweiligen" Landschaft erhabene Gefühle verbunden (vgl. Schwarzwaldverein e.V. 2001, S. 36). Das Bürgertum des 19. Jahrhunderts, ebenfalls auf der Flucht vor den komplizierter werdenden gesellschafts- und wirtschaftspolitischen Verhältnissen, verbreitete die Vorstellungen der Romantik weiter (vgl. JÜNGST 1984, S. 95). Adel und Bürgertum legten bis in das 20. Jh. hinein viel Wert darauf, „sich mit imaginären Landschaften nach allen Regeln optischer Täuschung ein stimmungsvolles Ambiente zur geistigen Entspannung auf ihre eigenen Wände zaubern zu lassen" (WORMB 1981, S. 37). Dieses „Trugbild" verteilte sich zunehmend mit der technischen Reproduzierbarkeit von Gemälden:

> „Die einsamen Massen seiner Konsumenten formierten sich angesichts fest geprägter Klischees der um die Mitte des vorigen Jahrhunderts [des 19., Anm. d. Autorin] aufkommenden Wandschmuckindustrie, die bereits trivialisierte Nachbildungen aus dem großbürgerlichen Salon in die mittelständische gute Stube und schließlich, seit Beginn dieses Jahrhunderts [des 20., Anm. d. Autorin] auch in kleinbürgerliche und proletarische Wohnungen vertrieb" (ebd., S. 37).

Ebenso haben auch schwärmend-verklärende Reisebeschreibungen der Literatur ihre Nachfolger gefunden: „Wo Goethe ‚mit der Seele suchte', will der Reisende heutiger Tage alle Sinne befriedigen" (STEINER 1997, S. 47). Die schöngeistige wie die Trivialliteratur schaffen ein ästhetisches Landschaftsbild, eine Eigenwelt, die sich von wissenschaftlicher Darstellung abhebt. Denn sie enthalten (notwendigerweise) jenes „subjektive schöpferische Moment" (vgl. ASCHAUER 2001, S. 135). Als Beispiel sei hier nochmals der dänische Dichter Andersen-Nexø angeführt (siehe auch 2.5.2 – Ein Hort deutscher (Kultur)geschichte), welcher seine berühmteste Novelle „Die Puppe" mit den Worten beginnt:

> „So schön wie der Thüringer Wald ist wohl kein anderer Wald auf dieser Erde. Wie eine Welt für sich liegt er da, hoch unter den Himmel emporgehoben, erdrückend düster oder festlich in weißen Schnee gekleidet, und scheint alles von des Himmels Zorn und des Himmels Gnade zu haben" (zitiert in: WOLFF 1991, S. 130).

3.2.2 Touristische Medien und die Raumwahrnehmung

Von ganz entscheidender Bedeutung für die Konstruktion von Raumbildern sind *Reiseführer*. In Deutschland haben ihre Autoren seit dem ersten Baedeker 1831 „Naturschönheiten", „Merk- und Sehenswürdigkeiten" zusammengestellt, an denen sich eine schnell wachsende Leserzahl orientierte. Anhand Baedekers Klassifizierung konnten „Schnellreisende" schon vorab das „Wesentliche" einer Region ablesen. MÜLLENMEISTER (1997, S. 108) spricht in diesem Zusammenhang von der „Konstruktion von Sehenswürdigkeiten". Wie HENNIG (1998, S. 8) feststellt, verschwindet in Reiseführern und -zeitschriften im Allgemeinen alles, was an den heimischen Alltag erinnert. Zeichen der technischen Zivilisation würden zwanghaft eliminiert und der Akzent auf das spezifisch Fremdartige gelegt, wodurch das Bild einer archaischen, konfliktfreien

Welt entsteht. Reiseführer spielen für die Reise*entscheidung* zwar eine eher untergeordnete Rolle (vgl. KAGELMANN 1993, S. 469), ihre ästhetisierende Wirkung in Bezug auf das Image einer Region ist aber sehr stark, dienen sie doch in erster Linie zur Reisevorbereitung bzw. zur umfangreichen Information über das Zielgebiet (vgl. dazu u. a. SCHERLE 2000).

Vom Reisebericht über Urlaubsmagazine, Fernsehreportagen, Kalender, Postkarten und Souvenirs bis hin zum Internet selektieren Medien für den Urlauber relevante Informationen in Text und Bild, die sich diesem wiederum als allumfassend darstellen. Dies lässt sich ebenso auf Reiseveranstalter bzw. Reiseleiter übertragen, die entsprechend pauschale Programme zusammenstellen, mit denen man Raumbilder quasi „im Paket" erfahren kann. Im weiteren Sinne lassen sich auch regionale Veranstaltungen, Märkte oder Heimatmuseen hierzu zählen. Alle diese „Mittler" legen fest, welche Restaurants, Speisen, Bräuche oder Geschichten „typisch" sind. Vermutlich entspricht diese Vorauswahl auch den selektiven Wahrnehmungen der Touristen selbst. BÄTZING (1991, S. 140 f.) zumindest schließt aus der massenhaften Verbreitung traditioneller Alpenbilder darauf, „dass die große Menge der Alpentouristen die Alpen heute immer noch in diesen ästhetischen Kategorien wahrnimmt."

Gewachsene Selbstbilder einer Bevölkerung werden zu Images, die sich wiederum primär an externe Adressaten richten. Nicht nur in der Fremdenverkehrswirtschaft ist dabei eine Vorliebe für *bestimmte* Raumbilder festzustellen. „Die visuelle Darstellung der Region stützt sich im großen und ganzen auf ein feststehendes Repertoire von Motiven, Gebieten und Themen" (KÖHNKE/KÖSSER 2001, S. 111). Auf der Basis einer empirischen Erhebung ermittelten KÖHNKE/KÖSSER einen zeitlich relativ konstanten Kanon von journalistischen Raumbildern für die Sächsische Schweiz, der sich in allen Medien von der Werbebroschüre bis zum Bildband wiederfindet. Er ergibt ein prägnantes Bild, das in erster Linie auf die Identifizierung der erfahrbaren Region zielt und konzentriert sich auf Sehenswürdigkeiten und landschaftliche Besonderheiten, welche i. d. R. alle infrastrukturell und touristisch bereits gut erschlossen sind (vgl. ebd., S. 11, 57).

Allerdings ist die Motivauswahl der Werbung verengt. Die Vielfalt wird auf ein „Standardrepertoire" an wenigen, dafür aber einprägsamen Bildern reduziert, was ihr einen hohen Wiedererkennungseffekt garantiert. Relativ häufiger finden sich hier fest etablierte Attraktionen, Panoramaansichten, stimmungsvolle und romantische Darstellungen, sprich: eine klare ästhetisierende Visualisierungsstrategie (vgl. ebd., S. 94 f.):

> *„Die Struktur der Präsentation räumt einzelnen Gebieten sowie Motiven eine so starke visuelle Präsenz ein, dass die Ordnung des ‚Bildraums' und die naturräumliche Gliederung zwei völlig verschiedene Dinge sind. In dem durch die bildliche*

Darstellung entstehenden Raumgefüge besteht das Gesamtgebiet ... aus wenigen zentralen Attraktionen, die als singuläre Gebilde zu Sinnbildern, zu Repräsentanten der Gegend werden" (ebd., S. 111).

Gemäß WÖHLERs Schema der Raumkonstruktion durch den Touristen (siehe Abb. 5) stellen diese fiktional idealisierten Bilder eine bereits interpretierte und symbolisch konstruierte fremde Raumwirklichkeit dar. Die Medien führen dem potenziellen Raumkonsumenten Bilder eines fremden Raumes vor, die seine Wahrnehmung und Deutung anleiten, und werden dann durch die „Raumregisseure" des Tourismus wiederum massenmedial aufgearbeitet/re-inszeniert. Der Kreislauf beginnt von vorn.

Abbildung 5: Prozess der Transformation von vorhandenen Raumwelten in neue Realitäten

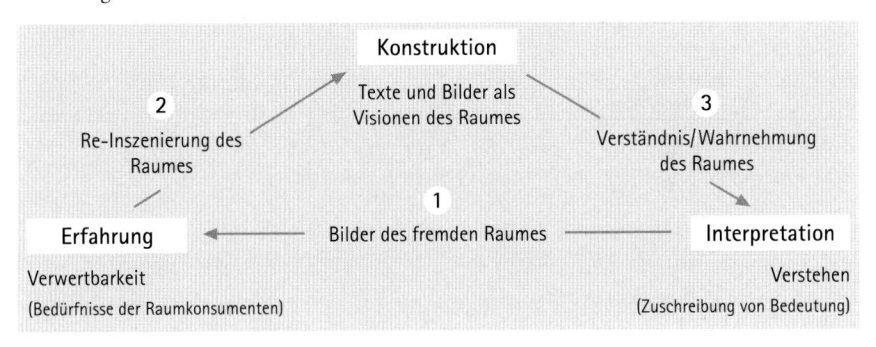

Quelle: WÖHLER 1998, S. 110

3.2.3 Die Macht der Zeichen und die Überlegenheit der Bilder

Die Bildkommunikation werde zum entscheidenden Weg zur Beeinflussung menschlichen Verhaltens, so KROEBER-RIEL. Den historischen Siegeszug des Bildes (nicht nur in der Werbung) weist er u. a. an Zeitschriftenanzeigen nach. Das Bild ist in allen modernen Medien nicht nur präsent, sondern längst dominant; in der Zukunft werde ihm noch eine weit größere Bedeutung zukommen: „mehr Bilder, größere Bilder, farbige Bilder". Dies hängt mit grundlegenden Veränderungen der Gesellschaft zusammen. Im Kommunikationszeitalter spielt v. a. die Verbreitung des Fernsehens als „Leitmedium der Massenkommunikation" und die zunehmende Informationsüberflutung eine Rolle. Die tägliche Bildkommunikation, elektronisch oder gedruckt, sorgt dafür, dass wir das Sehen dem Lesen immer mehr vorziehen und Bilder statt sprachlicher Information zur Grundlage unserer Überzeugungen werden lassen (vgl. ebd. 1993, S. 3 f., 7).

Das Informationsangebot im *Kommunikationszeitalter* wächst stärker als die Nachfrage. Die permanente Reizüberflutung verändert unser Informationsverhalten; wir nehmen flüchtiger und sehr selektiv wahr. KÖHNKE/KÖSSER erklären, wie wir die „Bilderflut" verarbeiten: Der moderne Mensch hat in der Einübung mit den Medien gelernt, Bilder in zeichenhafte Informationen umzusetzen und versteht es, Bilder nach einem bestimmten Schema gleichsam durch Reduktion zu lesen. Man geht davon aus, dass die Fähigkeit der Prägnanzbildung zunimmt (vgl. ebd., 2001, S. 8, 158-161 und 2.3.2 – Zur Symbolfähigkeit). Angesichts des Informationsüberflusses sehen sich auch die Anbieter in erhöhtem Maße auf die Prägnanz ihrer Bilder angewiesen.

Der Werbung bietet das Bild – im Gegensatz zur Sprache, die ein sehr verschlüsseltes und wirklichkeitsfernes Zeichensystem darstellt, eine Reihe von Vorteilen. KROEBER-RIEL (1993, S. 36) spricht von *Bildüberlegenheitswirkung*. Zum einen werden Bilder einem Text gegenüber stets bevorzugt, sie sind einprägsamer. Die Beeinflussungskraft der visuellen Kommunikation liegt zum anderen in der Ähnlichkeit von konkreten Bildern und der Wirklichkeit. Bilder stimulieren emotionale Reize direkter und stärker als Sprache und sind dadurch letztlich verhaltenswirksamer. Sie können auf sympathische Art und Weise Aufmerksamkeit erregen und eine Marke fest im Gedächtnis der Zielgruppe verankern. Sie sollen *auffallen* (z. B. durch Inhalt/Motiv), *informieren* (reale Eigenschaften und Vorteile möglichst anschaulich abbilden) und *emotionale Erlebnisse vermitteln* (Reize simulieren), indem sie den Empfänger in fiktive Erlebniswelten bzw. Werbewirklichkeiten entführen (vgl. ebd. S. 12-14).

Abbildungen werden in einem schematischen Wahrnehmungsvorgang zudem sehr viel schneller gespeichert als ein Text: „Bilder sind schnelle Schüsse ins Gehirn. Um ein Bild mittlerer Komplexität aufzunehmen, sind nur eine bis drei Sekunden erforderlich" (ebd., S. 53). Die Verarbeitung verläuft ganzheitlich, wobei der erste Eindruck und die spontane Bewertung entscheidend ist. Nicht zu unterschätzen sind dabei auch periphere Bildelemente, die ein positives Wahrnehmungsklima schaffen und zu einer höheren Gedächtniswirkung beitragen. Mit einem Blick lassen sich Eindrücke von Landschaft nacherleben, wozu ein Text, selbst mit vielen Worten, gar nicht in der Lage wäre (vgl. ebd., S. 26-29, 54, 63, 87, 91 f., 155). Landschaftliche oder architektonische Einzigartigkeit lässt sich bildlich besonders gut darstellen. Und je prägnanter ein Motiv, desto häufiger ist es selbstverständlich auch auf Titelseiten zu finden (vgl. KÖHNKE/KÖSSER 2001, S. 88 f.).

Allerdings ist die Bildverarbeitung nicht nur von den grundlegenden Eigenschaften der Bilder abhängig, sondern auch ganz erheblich von der Fähigkeit, Motivation und Situation des Betrachters. Für die Werbung ist generell von einer sehr flüchtigen und bruchstückhaften Wahrnehmung auszugehen. Die Wirksamkeit von Bildern wird insbesondere bei geringem *Involvement* hoch eingeschätzt, sprich: wenn sich potenzielle Kunden einer Produktkommunikation nur mit geringem Engagement zuwenden (vgl. KROEBER-RIEL 1993, S. 221). Voraussetzung ist die Kenntnis der verwendeten Zeichen beim Empfänger. Um dessen latente Vorstellungen zu wecken, müssen also möglichst „Standard-Assoziationen" bedient werden; die Reduktion der Bildbotschaften auf wesentliche Charakteristika unumgänglich. Dies bedeutet für die Werbung, dass die äußeren Bilder möglichst mit den inneren Bildern (siehe 2.3 – Die Verbildlichung) übereinstimmen sollten, d. h. sie müssen (schema)kongruent sein, um „durchschlagend" auf eine Zielgruppe zu wirken (vgl. KROEBER-RIEL 1993, S. 63-67, 221-228). Die Werbung kann ihre „äußeren" Bilder strategisch so gestalten, dass sie im Gedächtnis des Empfängers als „Innere" gespeichert bleiben. Es gilt die Regel:

„Vermittle Informationen über einen konkreten Sachverhalt soweit möglich durch Bilder – nicht sprachlich [...] Rede nicht über sinnliche Eindrücke, sondern inszeniere diese durch entsprechende Bilder" (KROEBER-RIEL 1993, S. 49 f.).

HARTMANN (1981, S. 247-250) hat speziell die Wirkung von Fremdenverkehrsplakaten untersucht. Seine Ergebnisse lassen sich auch auf die Titelseiten von Prospekten übertragen. Je größer das Format der ohnehin aussagekräftigeren *Abbildungen* von schönen Landschaften oder Sehenswürdigkeiten, umso besser lassen sich Fremdenverkehrsangebote veranschaulichen. Ihr tatsächlicher „Erfolg" lässt sich anhand der Reiseentscheidungen allerdings nur schwer messen (siehe auch 4.3.3 – Kritik an der Werbung), lediglich mittels Abfrage von Erinnerungswerten bzgl. eines Plakats/einer Annonce oder über sogenannte Wahrnehmungs- und Blickwinkel-Prüfungen. Auch für KARMASIN (1981, S. 253) ist die Bedeutung von Bildern in der Tourismuswerbung offensichtlich. Diese setze noch mehr als andere Instanzen/Produkte primär das Bild als zentrales Kommunikationsmittel ein. Die Bevorzugung der nichtsprachlichen Darstellung erscheint sinnvoll, da gerade Urlaub und Reisen sehr stark vom optischen Erleben geprägt sind: „Das Bildgedächtnis ist in der realen Erlebnisweise ebenso deutlich angesprochen wie in der Imageausformung von Ländern und Gegenden". Für die Betrachtung einer Imagebroschüre kann man sogar von einem relativ hohen *Involvement* ausgehen. Denn wer auf einer Messe nach einer Broschüre greift bzw. diese von zu Hause aus anfordert, hat die Region bereits als potenzielle Destination ins Auge gefasst.

In den heutigen *Bilderwelten* werden nun immer mehr Bilder produziert, die teilweise nur noch sich selbst als Bezugspunkt haben. Die Kraft der Mimesis (siehe 3.2 – Medien konstruieren) beruht im wesentlichen auf ihren Bildern. Trotz ihrer materiellen Substanz stellen diese nicht eine empirische Ordnung von Wissen dar, sondern sie erzeugen vielmehr eine Verbindung zwischen Mensch und Wirklichkeit, was einhergeht mit Simulation, Fiktion oder Täuschung (vgl. GEBAUER/WULF 1992, S. 434, 436 f.). Ob gedruckt oder elektronisch – textliche und bildliche Informationen stellen stets nur eine komprimierte Auswahl gefilterten Wissens dar. Der Blick eines durch nur die Beobachtung anderer Beobachter vor-informierten Reisenden ist also in gewisser Hinsicht *sehr* fremdgesteuert (vgl. HASSE 1997, S. 134). Die Bilderwelten überschreiben nahezu alle Lebensbereiche ideologisch und fügen sie in eine neue symbolische Ordnung. Eine „Springflut der Bilder" vervielfältigt diese derart schnell, dass „das Vermögen zur Unterscheidung des Realen vom Reellen zu schwinden droht" (vgl. ebd., S. 91). Die Zeichen, Symbole und klischeebehafteten Images werden so letztlich zu der eigentlichen „Wirklichkeit", in der Touristen agieren.

BRANDT (1973, S. 65) spricht gar von der „Klischeeanstalt Tourismus". Auch KÖHNKE/KÖSSER (2001, S. 160 f.) haben bei der Erstellung ihres „Bilderkanons" (siehe 3.2.2 – Touristische Medien) festgestellt, dass die Prägnanzbildung durch Tourismus*werbung* am stärksten ist; sie beruhe heute im wesentlichen auf zwei Strategien – Historisierung und Romantisierung. Geht man davon aus, dass Wahrnehmung ein geschichtlich determinierter und damit wandelbarer Selektionsvorgang ist, so gilt es nun zu ergründen, über welche Interessen welche Wahrnehmungsraster und Sichtweisen auf die Umwelt präformiert werden. Das folgende Kapitel setzt sich mit der Werbung als Indikator für gesellschaftlichen Wandel auseinander.

3.2.4 Die Werbung als Indikator für den zeitlichen Wandel von Raumbildern

Die Selektion als Ausdruck einer bestimmten Interpretation von Lebensverhältnissen muss sich in gewisser Weise auch in Urlaubs- und Werbefotografien äußern (vgl. JÜNGST 1984, S. 94). SCHRUTKA-RECHTENSTAMM (1998, S. 88) fand bei einer Titelseiten-Analyse von Unterkunftsverzeichnissen der Steiermark heraus, dass die Vorstellungen von intakter Landschaft, traditionsbewusster Lebensweise und freundlicher Atmosphäre häufig den Werbebroschüren ländlich geprägter Regionen entsprechen, in denen sich nämlich vorwiegend Szenen mit alten Bauernhäusern, Kindern und Tieren wiederfinden, nicht aber technische Gerätschaften des modernen bäuerlichen Alltags.

SCHMIDT (1991, S. 17, 22) behauptet, dass sich anhand von Werbe*stilen* sozialer Wandel nachvollziehen lässt. Diese sind immer auch „Gestaltungsstile eines bestimmten Stadiums kultureller, gesellschaftlicher, politischer und auch technologischer Entwicklung. Werbung hat unter diesem Aspekt Symptomwert". Letztlich *müsse* Werbung zeitgeistorientiert sein, um überhaupt Aufmerksamkeit und Akzeptanz für sich selbst und die beworbenen Produkte, Personen und *Messages* zu erwecken.

Der entscheidende Punkt kultureller Veränderung in und durch die Medien in unserer Gesellschaft liegt darin, „dass Medien die Beobachtungsverhältnisse intensivieren und steigern. Dadurch wird Kontingenzgewissheit zu einem unveräußerlichen Teil kollektiven Wissens in Form der Erfahrung, dass wir offensichtlich nicht in einer, sondern in vielen Wirklichkeiten leben und alle Ansprüche an letztgültige Wahrheiten aufgeben müssen" (SCHMIDT 1996, S. 46). Für den Beobachter des Werbesystems folgt daraus, dass die Werbung, auch im Tourismus, insgesamt eine interessante Plattform für die Beobachtung zeitgleicher Sozialsysteme abgibt (vgl. ebd., S. 122 und Exkurs 3).

Exkurs 3: Werbung als Spiegel der Gesellschaft

1. Das Werbesystem berücksichtigt nicht alle anderen Sozialsysteme gleichermaßen. Vielmehr liegt der Beobachtungsschwerpunkt in den Bereichen Warenkonsum, Dienstleistungen, Geschmackskultur und Lebensstilgestaltung und konzentriert sich auf erkennbar ausgeprägte Mentalitäten von Zielgruppen".

2. Werbung ist ein Mainstream-Medium, kein subversives Subkultur-Medium. Als relativ langsames Medium in bezug auf Veränderungen läuft sie dem Zeitgeist eher hinterher, als dass sie ihn ‚settet'".

3. Bei der Produktion und Distribution von Werbemedienangeboten folgt die Werbung einer Ausblendungsregel, wonach nur positive Botschaften verbreitet werden. Diese als kollektives Wissen bei allen Beteiligten der Werbekommunikation unterstellte unbedingte Parteilichkeit der Werbung steuert die Selektivität ihrer Beobachtung anderer Sozialsysteme und muss entsprechend bei der Beobachtung und Bewertung dieser Beobachtungen berücksichtigt werden.

vgl. SCHMIDT 1996, S. 122

Raumbilder als gesellschaftliche Konstruktionen sind veränderlich (siehe 2.2 – Begriffsbestimmung). So hat sich auch der touristische Blick in Abhängigkeit von gesellschaftlichen Systemen und insbesondere sozialen *Gruppen* im Laufe der Zeit gewandelt. Wenn sich nun der touristische Blick aus dem jeweiligen Kontrast zum Alltag heraus ergibt (siehe 3.1 – Die „touristische Brille"), so bedeutet das, dass sich die Werbung von Beginn an bis in die Gegenwart hinein entsprechend daran orientiert haben muss. Die Bildinterpretationen im zweiten Teil der Arbeit sollen diese Hypothese prüfen. Zuvor sollen noch die Prinzipien und Strategien beleuchtet werden, mit denen das Tourismusmarketing arbeitet. Mit Hilfe des Wissens um die Wirkung von Bildern hat die Werbung konkrete Techniken entwickelt, mit denen sie Bild- und Textbotschaften erzeugt und die Landschaft ästhetisiert.

4 Ökonomische Konstruktion von Raumbildern: Tourismuswerbung

Werbung als wesentliche Voraussetzung für das Funktionieren marktwirtschaftlicher Prozesse muss „ein von vielen Konkurrenten umworbenes und daher knappes Gut produzieren, nämlich Aufmerksamkeit" (SCHMIDT 1991, S. 8). Fremdenverkehrsregionen versuchen heute, sich gleichsam wie Unternehmen durch gezielte Imagewerbung zu profilieren. Dies führt zu einer Konkurrenz der Zielgebiete, für welche die aufwändige Erfordernis der Konstruktion und Pflege von positiven Raumbildern besteht. Denn:

> „Es stellt sich immer wieder heraus, dass dem dem Produkt und dem Anbieter zugeschriebenen Image als Signal beim Kaufentscheid eine zentrale Rolle zukommt und es als eine höherwertige Information interpretiert wird. Ein Image wirkt wie ein Vertrag, den der Anbieter einlöst" (WÖHLER 1998, S. 101).

Dieses Kapitel soll die Strategien der Marken- und Imagebildung im modernen Destinationsmanagement beleuchten. Werbung wird hier als Teil der Kommunikationspolitik dem *Marketingmix* zugeordnet.

4.1 Strategisches Marketing im Tourismus

Marketing wird heute definiert als absatzmarktorientierte Unternehmensführung, die alle Aktivitäten systematisch und effizienter als die Konkurrenz an den Bedürfnissen der Abnehmer auszurichten versucht, um die Unternehmensziele zu erreichen (vgl. BIEGER 2000, S. 179). Der Raum wird von der Tourismuswirtschaft der Einfachheit halber zum Produkt deklariert, welches sich aus beanspruchten Sach- und Dienstleistungen zusammensetzt und dadurch Bedürfnisse befriedigen kann (z. B. ROMEISS-STRACKE, FREYER, WÖHLER, DETTMER, BECKER u. v. m.). Jeder Tourist konsumiere und bewerte den Raum dann als sein individuelles Produkt, so KERN (2001, S. 20-24).

Um sich abzuheben und die Marktchancen zu steigern, braucht eine Region ein unverwechselbares Gesicht und die sogenannte *Unique Selling Proposition (USP)*. Diese ist ein „überragender, einmaliger Vorteil, der unser Produkt gegenüber der Konkurrenz auszeichnet" (BIEGER 2000, S. 394); sie bietet dem Gast einen besonderen Nutzen. Das Tourismusmarketing setzt immer bei den naheliegenden Potenzialen einer Region an, die nach hinreichender Situations-Analyse in strategische Geschäftsfelder eingeteilt und in einem, dem Gast entsprechenden Kontext inwertgesetzt werden. Hier geht es

v. a. darum, das *ursprüngliche* naturräumliche, historische und kulturelle Angebot wie Gastfreundlichkeit oder kulinarische Spezialitäten sowie das daraus *abgeleitete* Angebot, sprich: die touristische Infrastruktur i. w. S., unter einem gemeinsamen Leitbild gewissermaßen im „Paket" zu vermarkten. Die so herausgearbeitete regionale Spezifik stellt letztlich die Basis für den strategischen Planungsprozess des Marketing mit seinen vier Bestandteilen Kommunikations-, Preis-, Produkt- und Distributionspolitik dar (vgl. u. a. KERN 2001, S. 21; BIEGER 2000, S. 188, 321). In Abstimmung mit den Nachfragetrends und der Konkurrenz liefert das ermittelte Leitbild den touristischen Akteuren die Grundvorstellung für die Weiterentwicklung einer Destination.

Dennoch ergeben sich für das Destinationsmarketing gewisse Probleme, da es sich bei seinem „Produkt" *nicht* um ein gewöhnliches Konsumgut handelt. Zum einen birgt das Raumerlebnis einen hohen emotionalen Gehalt und lässt sich nur sehr begrenzt steuern oder gar messen, da es vom Gast eben nicht auf sachliche Komponenten reduziert wird. Hinzu kommt die hohe Wettbewerbsdynamik, die vielen Regionen eine *eindeutige* Positionierung erschwert. Auch das Problem der starken Politisierung im Fremdenverkehr, das „Kirchturmdenken" einzelner Orte oder Anbieter sei erwähnt (vgl. ebd., S. 179-183). Die einzelnen Leistungsträger haben nicht immer Vereinbarungen miteinander, sind aber dennoch aufeinander angewiesen, denn der Erfolg des Einzelnen ist nicht zuletzt abhängig vom Erfolg des gesamten Angebots einer Region (vgl. BRANDT 1973, S. 66). BIEGER stellt daher folgende Anforderungen an das touristische Marketing:

- Die Bedürfnisse des Abnehmers müssen konsequent erfasst und als Orientierungslinie verfolgt werden.
- Das Marketing muss die gesamte Destination wie ein Produkt behandeln.
- Das Produkt muss mit emotionalem Gehalt, beispielsweise Erlebnissen/Lebensstilen gefüllt werden.
- Das Marketing muss Saison- und Auslastungsschwankungen Rechnung tragen.
- Das Marketing muss sich an den Möglichkeiten der Prozesse und der Menschen im Tourismus orientieren.
- Grundlage muss eine Segmentierung der Märkte nach modernen Gesichtspunkten sein.
- Das Marketing muss nach einer klaren, marktgerechten und nicht durch politische Sachzwänge diktierten Positionierung erfolgen.
- Die Auswahl der Zielmärkte hat den Gegebenheiten des Angebots in einer Destination Rechnung zu tragen.
- Durch eine enge Kooperation mit dem Leistungspartner muss angestrebt werden, dass alle Marketinginstrumente der Destination eingesetzt werden können.

- Instrumenteinsätze haben konzentriert, d. h. auf die Hauptprodukte und Hauptmärkte gerichtet, und intensiv, d. h. professionell und im Ausmaß klar über den Wirkungsschwellen zu erfolgen.

vgl. Bieger (2000, S. 182 f.)

Ein klares Profil wird im Destinationsmanagement heute als selbstverständlich für den Erfolg gewertet. Kern (2001, Anhang A28-A36) hat dafür einen umfangreichen Katalog von Profilierungsstrategien zusammengestellt. Wie kann sich eine Urlaubsregion als Produkt und als Marke etablieren? Das nächste Kapitel ist dieser Frage gewidmet.

4.1.1 Zur Profilierung inszenierter Urlaubsräume als Produkt und Marke

Wie Produkte des Konsumgüterbereichs und wie künstliche Freizeit-, Ferien- und Themenwelten muss sich auch eine gewachsene Urlaubsregion heute an gesellschaftlichen Trends orientieren, um erfolgreich zu sein: mit organisierten Angebotsbündeln, stetigen Innovationen, Erlebnisorientierung und Angebotsinszenierung, Qualitätssicherung etc. (vgl. u. a. Kern, 2001 S. 44-46). In diesem Zusammenhang fällt heute oft das Schlagwort „Positionierung", also das Platzieren eines Produkts auf einem Zielmarkt mittels der ihm zugeordneten Eigenschaften. Zu einer wert*vollen* und erfolgreichen Marke gehören laut Bieger (2000, S. 195, 203) dabei folgende Elemente: Symbol, Name, Logo und ein Slogan als „geistiger Anker".

Eine verbreitete Strategie ist die der Inszenierung – die „marktorientierte Umsetzung eines tourismusrelevanten Themas mit unterschiedlichen Einrichtungen, Partnern und Medien auf der Grundlage einer klaren Handlungsweisung" (Steinecke 1997, S. 8). Bezugnehmend auf regionalspezifische Traditionen, Geschichte, Sehenswürdigkeiten oder Persönlichkeiten, arbeiten alle touristischen Akteure (Museen, Gastronomie etc.) am Aufbau ihres „Ferienlandes" zusammen. Oft wird ein jährliches Leitmotiv erstellt, das die Gemeinden und Mitglieder aufgreifen und mit entsprechenden Ideen umsetzen. Ähnliches gilt für die Konzeption von Themenstraßen. Längerfristig gesehen verspricht man sich davon nicht nur eine flächendeckende Steigerung des Bekanntheitsgrades, sondern auch eine Bewusstseinsförderung für die eigene Kultur und Identität, sprich: qualitative Imageeffekte nach außen und innen.

In der „Erlebnisgesellschaft" kommt Inszenierungen in allen Bereichen eine enorme Bedeutung zu, sie äußern sich z. B. in Form eines regelrechten „Geschichtsmarketing" (vgl. Steiner 1997, S. 147). Das Erfolgsmodell von Wenzel&Partner bringt die aktuellen Strategien mit dem „magischen Dreieck der Freizeitkommunikation" auf den Punkt: „Faszinieren – Inszenieren – Thematisieren" (vgl. Franck u. a. 1997,

S. 174-176). Dabei setzt man i. d. R. auf das Regionalbewusstsein der Bevölkerung, welches zu ökonomischen Zwecken im Sinne einer *Corporate Identity* „missbraucht" wird. Zweckdienlichkeit gehe dabei vor die tatsächlichen regionalbezogenen Bewusstseinslagen, so ASCHAUER (2001, S. 95). Ein Beispiel ist die zunehmend professionalisierte Folklorisierung des Alltags auf dem Lande:

> „Die Bilder der Harmonie von Natur und Kultur werden durch ein Dienstleistungsangebot im Sinne einer ‚touristischen Gastfreundschaft' ergänzt ... Die Beherberger inszenieren sich als ‚Gastgeber', da sie es als ihre Aufgabe sehen (müssen), zum Gelingen des Urlaubs entscheidend beizutragen. Sie instrumentalisieren daher ihre Gefühle im Sinne einer persönlichen Betreuung" (SCHRUTKA-RECHTENSTAMM 1998, S. 94).

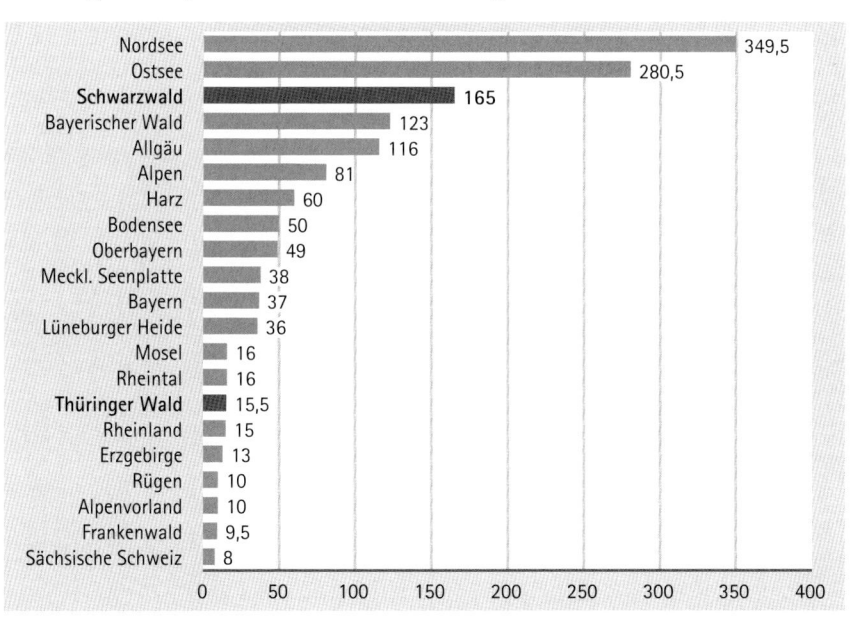

Abbildung 6: Die profiliertesten deutschen Urlaubsregionen und ihre Profile

Region	Wert
Nordsee	349,5
Ostsee	280,5
Schwarzwald	165
Bayerischer Wald	123
Allgäu	116
Alpen	81
Harz	60
Bodensee	50
Oberbayern	49
Meckl. Seenplatte	38
Bayern	37
Lüneburger Heide	36
Mosel	16
Rheintal	16
Thüringer Wald	15,5
Rheinland	15
Erzgebirge	13
Rügen	10
Alpenvorland	10
Frankenwald	9,5
Sächsische Schweiz	8

Quelle: Auszug aus KERN 2001, S. 65 (Basis: Deutschlandweite Befragung von Reisebüros)

Wie die Interviews mit den Marketing-Verantwortlichen im Schwarzwald und Thüringer Wald bestätigten, sehen sich gerade *Mittelgebirgsregionen* untereinander als Konkurrenz an (Interview 1/2, Frage 6). Da ein Tourist sein Urlaubsgebiet generell als zusammengehörig wahrnimmt, ergibt sich für Mittelgebirge prinzipiell der Vorteil, dass sie sich recht einfach von der umgebenden Landschaft abgrenzen lassen (ansteigendes Relief, Berggipfel, Waldbewuchs etc.). Die deutschen Mittelgebirge haben dennoch mit Problemen zu kämpfen: Rückgang des Kurverkehrs aufgrund von Restriktionen in der Gesundheitspolitik, Angebotsdefizite, überalterte Gästestruktur und Vorurteile wie: „Da fahren nur alte Leute hin" oder „Da regnet es ständig" (vgl. KERN 2001, S. 58 f.). Eine neue Image- und Markenbildung scheint daher angebracht. KERN hat die deutschen Urlaubsregionen in Bezug auf ihre Profilstärke untersucht (siehe Abb. 6).

Sowohl Schwarzwald als auch Thüringer Wald befinden sich unter den profiliertesten deutschen Urlaubsregionen. Der Schwarzwald liegt mit einer Profilstärke von 165 an dritter; der Thüringer Wald mit lediglich 15,5 allerdings immer noch an 15. Stelle. Wie versuchen die beiden Beispiel-Destinationen sich auf dem Markt abzugrenzen und zu positionieren? Im folgenden seien kurz ihre aktuellen Profilierungsansätze mit den jeweiligen Stärken und Schwächen skizziert.

4.1.2 Profilierung der Destination Schwarzwald

Der Schwarzwald erscheint mit seinem sehr ausgeprägten Profil (direkt nach Nord- und Ostsee) als etablierte und starke Urlaubsregion. Er ist den Deutschen ein „Begriff". Laut MATT-WILLMATT bestehen allerdings Unterschiede hinsichtlich des Bekanntheitsgrades bzw. Images zwischen alten und neuen Bundesländern. Während der Schwarzwald in den neuen Bundesländern überwiegend durch Erzählungen bekannt ist und nun „eine ‚Marke' mit ganz unterschiedlichen Inhalten (Ferien auf dem Bauernhof, Freizeitpark etc.)" darstellt, gilt er in den alten Bundesländern schon lange als „eingefahrene ‚Marke'" (Interview 1, Frage 4). Mit etwa 18 Mio. Übernachtungen ist er das beliebteste deutsche Mittelgebirge, wenngleich die Zahlen leicht rückläufig sind (siehe Tab. 4).

Die Stärken der Region liegen in ihrem Traditionsreichtum, in der Landschaft, der Küche, der zwar abnehmenden, aber noch relativ hohen Schneesicherheit, den Wandermöglichkeiten, der größten Bäderdichte der Welt sowie in ihrer Nähe zur Schweiz und zu Frankreich. Als Profilierungsstärke sieht KERN (2001, S. 93 f.) die zentrale Organisation und Vermarktung über den Tourismusverband und die strategische Leitbildkonzeption. Der Schwarzwald wurde als „Insel abseits von Stress und Hektik" positioniert. Das Konzept kann auf vielfältigen ursprünglichen Potenzialen, einer langen Tourismustradition und einem umfassenden abgeleiteten Angebot aufbauen. So weist der Schwarzwald mehrere *USP* auf und kann einen relativ breiten Zielmarkt bedienen.

Ökonomische Konstruktion von Raumbildern: Tourismuswerbung

Tabelle 4: Touristischer Steckbrief der Region Schwarzwald

Touristischer Steckbrief der Region Schwarzwald
(Reisegebiete mittlerer, nördlicher und südlicher Schwarzwald)

Touristische Kennziffern 1999		Übernachtungszahlenentwicklung 1990-1999
Übernachtungen	18.030.976	
Aufenthaltsdauer	3,6 Tage	
Tagesausflüge	68.300.000	
Bettenauslastung	35%	
Fremdenverkehrsintensität	637	
Budget der Tourismusorganisation	2.673.000 DM	

Quelle: KERN 2001, S. 90

Die Zielgruppen sind fest eingegrenzt: „traditionsinteressierte erlebnisorientierte Menschen", „wohlhabende Jungsenioren", „junge Sportler" (vgl. KERN 2001, S. 91). Die Positionierung als „junge erlebnisreiche Region" entspricht den anvisierten Zielgruppen, sie ist klar und noch nicht besetzt. Der Schwarzwald will in Zukunft jedoch noch moderner, jünger und erlebnisreicher werden. Das Hauptproblem im Marketing bestehe im Moment darin, dass es nicht langfristig genug angelegt ist (Interview 1, Frage 7). Die Suborganisation erweist sich insofern als ungünstig, als dass sie von den Nachfragern nicht wahrgenommen wird. Die unabhängigen Kommunikationsstrategien der drei Teilräume erschweren zudem eine Gesamtpositionierung.

4.1.3 Profilierung der Destination Thüringer Wald

Der Thüringer Wald verfügt bei weitem (noch) nicht über ein so ausgeprägtes Profil wie der Schwarzwald. Mit ihm werden auch nicht so viele Assoziationen in Verbindung gebracht (siehe auch 2.5 – Der imaginäre Thüringer Wald). In den neuen Bundesländern sei das Mittelgebirge sehr viel bekannter als in den alten, so BRÜCKNER (Interview 2, Frage 4). Man kann noch nicht von einer „eingefahrenen Marke" sprechen wie etwa für den Schwarzwald. Die Stärken der Region liegen im Waldreichtum, in den guten Wandermöglichkeiten, dem guten Preis-Leistungsverhältnis und dem hohen Traditionsbewusstsein der Einwohner (vgl. KERN 2001, S. 111). Die Übernachtungszahlen betragen im Vergleich zum Schwarzwald nur etwas mehr als ein Viertel (siehe Tab. 5).

Tabelle 5: Touristischer Steckbrief der Region Thüringer Wald

Touristischer Steckbrief der Region Thüringer Wald (Reisegebiet: Thüringer Wald)		
Touristische Kennziffern 1999		**Übernachtungszahlenentwicklung 1995–1999**
Übernachtungen	4.102.441	
Aufenthaltsdauer	3,5 Tage	
Tagesausflüge	30.000.000	
Bettenauslastung	35,2 %	
Fremdenverkehrsintensität	821	
Budget der Tourismusorganisation	250.000 DM	

Quelle: KERN 2001, S. 110

Die Profilierungsstärke sieht KERN (2001, S. 111-113) auch hier in der zentralen Organisation über den Fremdenverkehrsverband: Dessen Marketingkonzept und Leitbild bilden die Grundlage für die Vermarktung der Region. Von seinen Zielgruppen – Wanderer, Wintersportler, Kulturinteressierte sowie Natur- und Erholungssuchende, neuerdings auch Radfahrer – möchte der Thüringer Wald als familien- und gastfreundlich, kommunikativ, gesellig und sportlich erlebt werden. Er verfügt mit seinem Naturpark als größtem zusammenhängenden Waldgebiet Deutschlands und dem Rennsteig als *USP* mit hohem Bekanntheitsgrad über gute Potenziale. Der Ausbau des Rennsteigs zum Radweg und das Gütesiegel „Thüringer Gastlichkeit" füllten die Positionierung mit Inhalt. Die Radfahrer stellen in Zukunft eine erfolgversprechende Zielgruppe dar.

Das gute Preis-Leistungs-Verhältnis und das Traditionsbewusstsein werden jedoch noch nicht auf operativer Marketingebene umgesetzt und von der Konkurrenz abgegrenzt. Positionierung und Kommunikationspolitik sind laut KERN (2001, S. 112f.) zu allgemein und unverbindlich. Das Zielgruppenspektrum ist sehr heterogen und noch zu unspezifisch; der Slogan „Den Thüringer Wald erleben" sei austauschbar und transportiere nicht die regionsspezifischen Stärken. Die Angebote und positionierungsadäquaten Produkte sind noch nicht zielgruppengerecht gebündelt. Dazu sei bemerkt, dass die effektive und strategische Vermarktung dem Fremdenverkehrsverband aufgrund starker Mittelkürzungen seitens des Thüringer Wirtschaftsministeriums auch erschwert ist (Interview 2, Frage 7).

Ökonomische Konstruktion von Raumbildern: Tourismuswerbung 63

4.2 Werbung ist Kommunikation: Über das Erzeugen von Bildbotschaften in der Tourismuswerbung

Kommerzielle Werbung ist stets eine wirtschaftliche Investition. Als „Sprachrohr der Positionierung" (KERN 2001, S. 41) ist sie eine besondere Form von zwischenmenschlicher Kommunikation. Letztere lässt sich als geschlossenes soziales System aus der Synthese dreier Sektionen theoretisch modellieren: Information, Mitteilung und Verstehen. In unserem Fall besteht ihr Ziel darin, einen touristischen Raum bekannt zu machen und ihn gegenüber der Konkurrenz abzugrenzen, d. h. dafür zu sorgen, dass er vom anvisierten Zielmarkt als „konsumwürdige" Alternative überhaupt wahrgenommen und dann auch vorgezogen wird.

Das Werbesystem als Teil des Wirtschaftssystems „weist eine Struktur auf, die durch die Institutionalisierung von Handlungsmöglichkeiten in Form von Handlungsrollen bestimmt werden kann" (SCHMIDT 1991, S. 14 f.), die da sind: *Auftraggeber* (Hersteller von Gütern/Dienstleistungen im weitesten Sinne), *Produzenten* (Agenturen), *Distributoren* (moderne Medien: Print, Hörfunk etc.) und *Rezipienten* (Zielgruppen). Zum Verständnis der Raumbildsteuerung im Fremdenverkehr sollen die gedanklichen Verbindungswege zwischen den beteiligen Gruppen (siehe Abb. 7) nun genauer unter die Lupe genommen werden.

Abbildung 7: Werbung ist Kommunikation – Die Grundstruktur der Tourismuswerbung

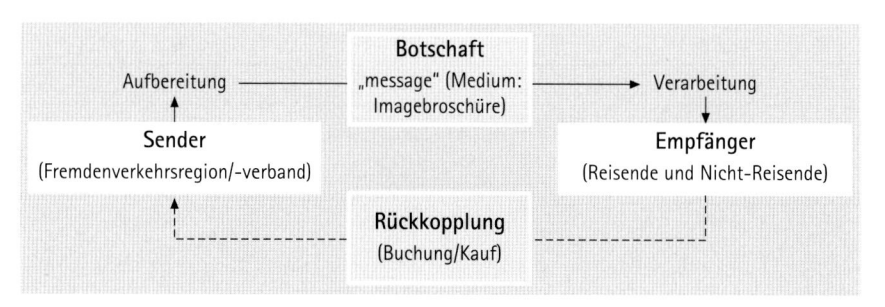

Quelle: In Anlehnung an FREYER 2001, S. 529

4.2.1 Auftraggeber (= „Tourismusverbände")

Im regionalen Bereich sorgt i. d. R. eine zentrale Tourismusorganisation für die gezielte Informationsvermittlung. Sie erstellt ein Marketingkonzept nach den genannten Prinzipien (siehe 4.1 – Strategisches Marketing). Es geht darum,

„dem Kunden eine möglichst konkrete Vorstellung davon zu vermitteln, was sich hinter einer Destination verbirgt, welche Nutzenstiftung er dort erwarten kann, und warum die Destination mit ihrem spezifischen Angebot seine Bedürfnisse besser befriedigen kann als die Konkurrenz: Die Destination muss für den Konsumenten identifizierbar sein" (KERN 2001, S. 25).

Werbung soll nicht nur Imagedefizite ausgleichen, sondern vielmehr mit einer eigenen konstruktiven Strategie einen gesamten Raum positionieren. Dazu gehört es heute insbesondere, ein klares Sach- oder Erlebnisprofil für die Marke „Landschaft" zu schaffen. (vgl. KROEBER-RIEL 1993, S. 11 f., 290). Der Auftraggeber gibt die Ziele vor – kaufmännische und statistische Solldaten, z. B. Umsatz- oder Übernachtungszahlen, und erstellt seine Imagebroschüre fast immer in Zusammenarbeit mit einer Werbeagentur. Dies ist sowohl beim Schwarzwald-Tourismusverband als auch beim Fremdenverkehrsverband Thüringer Wald der Fall (Interview 1/2, Frage 1). Beim Schwarzwald sind neben dem internen Pressebüro auch die drei Gebietsgemeinschaften an der Redaktion beteiligt. Die Prospektverteilung für Schwarzwald und Thüringer Wald gestaltet sich derzeit bei gleicher Gesamtauflage recht unterschiedlich (siehe Tab. 6). Beide Tourismusverbände leisten sich etwa 15 bis 20 Messepräsentationen pro Jahr, die überwiegend in Deutschland erfolgen (Interview 1/2, Frage 8).

Tabelle 6: Prospektverteilung von Schwarzwald und Thüringer Wald 2001

Bezugsjahr 2001	Schwarzwald	Thüringer Wald
Auf Anfrage verschickt	60.000	7.000
Auf Messen ausgegeben	20.000	63.000
Über die Mitglieder (Gebietsgemeinschaften und örtliche Tourist-Informationen)	20.000	30.000
Gesamtauflage pro Jahr	100.000	100.000

Quelle: Eigene Erhebung Januar 2002, Interview 1/2, Frage 7

4.2.2 Produzenten (= „Agenturen")

Die Profilierung eines Raumes als „touristisches Produkt" ist nur über Sprache und Bilder, sprich: *Zeichen* zu bewerkstelligen, denn jeder Reisende muss sich vorstellen können, dort etwas für sich zu realisieren (vgl. WÖHLER 2001[1], S. 85). Die Werber kennen spezielle Mittel der formellen und inhaltlichen Gestaltung von Botschaften. Zur erfolgreichen Profilierung sind zwei wesentliche Kriterien maßgebend: Kreativität und Innovation – die „Maximen der Kommunikationspolitik". Werbung versteht sich als Kommunikator und Erzeuger von Botschaften (vgl. SCHMIDT 1996, S. 7-10). Ihre Besonderheit besteht darin, dass sie zugleich eine intensive Auseinandersetzung mit dem Empfänger der Botschaft darstellt. Diese Auffassung eines kognitiven, sinnbenutzenden Systems ist teilweise zwar umstritten, innerhalb der Werbebranche aber sehr gängig. Der Internet-Auftritt einer (beliebig gewählten) deutschen Werbeagentur gibt Aufschluss über ihr Selbstverständnis und bringt die Arbeitsweise und die Strategien der Imageproduktion auf den Punkt:

> **Exkurs: Das Selbstverständnis der Werbung**
>
> „Werbung ist Kommunikation – man teilt etwas über sich, sein Produkt oder seine Dienstleistung mit einer bestimmten Absicht mit. Oft ist der Kern dieser Mitteilungen nonverbaler, gefühlsmäßiger Natur, zum Beispiel, wenn man bei seinen potentiellen Kunden Vertrauen in seine Erfahrung wecken will ... Wir sorgen dafür, dass Ihre Werbung tatsächlich diejenigen erreicht, die erreicht werden sollen und dass Ihre Botschaft verstanden wird. Zu diesem Zweck machen wir uns eine Menge Gedanken über die (Bild-)Sprache, die wir verwenden, berücksichtigen dabei psychologische, soziologische und ästhetische Wahrnehmungsmechanismen – es entsteht Kommunikation auf hohem Niveau."
>
> www.media-deluxe.de/media/domainnamen.htm, 7. September 2005

In einem zunehmenden Verdrängungswettbewerb und bei geringem *Involvement* kann insbesondere die *Bild*kommunikation zur Durchsetzung des Angebotes beitragen und das innere Marken- oder Firmenbild stärken (siehe 3.2.3 – Die Macht der Zeichen). Um die „Bildüberlegenheitswirkung" nutzen zu können, ist es geradezu notwendig, die artikulierten Produktvorteile zu veranschaulichen. Handelt es sich um konkrete Waren oder eben Landschaften, die zum Reiseziel gewählt werden sollen, so ist dies relativ einfach; schwieriger wird es bei abstrakten Informationen (vgl. KROEBER-RIEL 1993, S. 122-125, 226, 247). Die Regeln für die bildliche Gestaltung von Werbeaussagen sind in 4.3.2 – Imagerystrategien ausführlich beschrieben.

Um schließlich eine Wertpräferenzbildung für Botschaften bzw. eine Zahlungsbereitschaft für Produkte und Leistungen zu erreichen, muss die Werbung einen von den intendierten Zielgruppen als positiv bzw. wünschenswert empfundenen Zusammenhang zwischen Waren, Leistungen, Personen und Botschaften einerseits und Erwartungen, Bedürfnissen und Mentalitäten der Zielgruppen andererseits herstellen (vgl. SCHMIDT 1996, S. 121 f.).

KROEBER-RIEL (1993, S. 99 f., 251) setzt bei der Umsetzung auf die modernen Sozialtechniken (bspw. Assoziationsnetze in Expertensystemen), mit deren Hilfe man immaterielle Werte – Beiträge zum Lebensstil und zum Lebensgefühl – erzeugen könne. Seiner Ansicht nach spielten bei der Werbegestaltung nicht mehr nur (willkürliche) Intuition und Kreativität/Originalität eine Rolle, sondern vielmehr der systematische Einsatz statistischer Methoden für eine langfristig konzipierte Strategie. Die Bildkonstruktion ist dementsprechend ein komplexer Lösungsweg aus mehreren Schritten (siehe Abb. 8).

Abbildung 8:   Von der Idee zur Botschaft

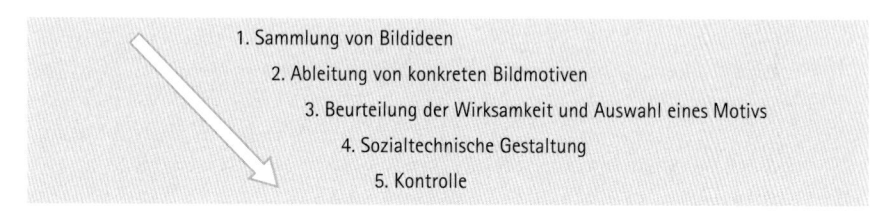

1. Sammlung von Bildideen
2. Ableitung von konkreten Bildmotiven
3. Beurteilung der Wirksamkeit und Auswahl eines Motivs
4. Sozialtechnische Gestaltung
5. Kontrolle

Quelle: Eigene Darstellung in Anlehnung an KROEBER-RIEL 1993, S. 138

SCHMIDT (1991, S. 17) hingegen hat in Interviews mit „Kreativen" aus Werbeagenturen herausgefunden, dass jene bei der Einschätzung ihrer Zielgruppen primär auf eigene Erfahrungen im Rahmen eines breitgestreuten, aber auch oberflächlichen „Interesses für alles" setzen. Alle betonten die Wichtigkeit, möglichst viel mit Leuten umzugehen (z. B. in Kneipen oder Kinos) sowie die häufige Beschäftigung mit Medien aller Art (Zeitungen, Zeitschriften etc.) und das Verfolgen der Musik-, Theater- und Architekturszene. Die Kreativen setzen nur sehr wenig Vertrauen in empirische Erhebungen, deren Testsituationen zu verfälschten Reaktionen der Probanden führten und ohnehin nur unsignifikante Durchschnittsergebnisse brächten. Meist entscheiden sie sehr wohl „aus dem Bauch" heraus!

„Der Zwang zu ständiger Innovation und hektischer Kreativität macht das Werbesystem notwendig ‚hellhörig' und parasitär: Es importiert Zeichensysteme und Kommunikationsmöglichkeiten aus (fast) allen Sozialsystemen in Werbemedienangebote" (SCHMIDT 1996, S. 121).

So gesehen stellt die Erzeugung der Bildbotschaften insgesamt dennoch keine rein künstlerisch-willkürliche Inszenierung dar, sondern sie wird durch mehr oder weniger empirische Prüfung systematisch auf Verständnis und Erfolg ausgerichtet. Auf diese Weise codieren Werbemacher die Wirklichkeit – z. B. Räume – mit *ökonomischen Zeichen*; als solche sind auch die Bilder in Zielgebietsprospekten zu verstehen. Die Kernfrage für die Werbefachleute lautet: Warum soll jemand ausgerechnet hierher kommen (Preis, Service, besseres Rahmenprogramm etc.)? Um dem touristischen Blick, den Urlaubserwartungen und -motiven Rechnung zu tragen, vernachlässigt man in Reiseprospekten bewusst Errungenschaften der modernen Zivilisation und stellt die heile Natur, die spezifische Natur- und Kulturlandschaft in den Vordergrund (vgl. auch SCHRUTKA-RECHTENSTAMM 2001, S. 28). Natürlich muss Werbung in gewisser Weise wahr sein und kann bei der Codierung keinesfalls mit Aussicht auf anhaltenden Erfolg willkürlich manipulieren (vgl. BRANDT 1973, S. 69).

4.2.3 Rezipienten (= „Reisende")

Der Rezipient und potenzielle Gast geht mit unterschiedlicher Motivation an Werbemedien heran. Gemäß seines spezifischen Informations- und Entscheidungsverhaltens hat er bestimmte Anforderungen an Prospektmaterial, an denen die Werbung wiederum ihre formale und inhaltliche Gestaltung ausrichtet. Die Wahrnehmungs- und Einflusskraft der Bilder sind daher von großem Interesse für ihre Macher. Wir verarbeiten Bilder weitgehend schematisch nach einer „räumlichen Grammatik" (vgl. KROEBER-RIEL 1993, S. 122), die wir im Laufe des Sozialisationsprozesses und über persönliche Erfahrungen erlernt haben; andere wie z. B. das Kindchenschema sind biologisch „vorprogrammiert". Solch allgemeine Schemata sind im Unterbewusstsein gespeichert und können durch entsprechende Reize relativ einfach geweckt werden. Sie sind leicht verständlich und werden vom Empfänger daher sehr schnell wahrgenommen und eingeordnet. Emotionale Schemabilder können kulturübergreifend oder archetypisch verankert, aber auch lokal bzw. auf einzelne Zielgruppen begrenzt sein. Sie sind mehr oder weniger leicht abnutzbar oder konstant (vgl. ebd., S. 146-154, 168-177). Biologische und archetypische Bilder werden in der Werbung wegen ihren überdauernden Wirkfaktoren besonders gern eingesetzt.

KROEBER-RIEL (1993, S. 220) betrachtet den Einfluss der Bilder auf das Verhalten als „Ergebnis einer Beeinflussung von gedanklichen und emotionalen Prozessen, die ihrerseits Verhaltensdispositionen bestimmen, die das Verhalten lenken", und nicht als direkte Folge, wie sein „Modell der Wirkungspfade der Werbung" verdeutlicht (siehe Abb. 9).

Abbildung 9: Modell der Wirkungspfade der Werbung

Bild ⟶ Gedächtnisbild ⟶ Einstellung ⟶ Verhalten

Quelle: KROEBER-RIEL 1993, S. 220

4.3 Probleme der Destinationswerbung

Tourismuswerbung scheint relativ einfach zu sein, da etwas an sich Schönes vermarktet wird. Dennoch sieht sie sich vor zahlreiche Probleme gestellt. Zunächst einmal wird es immer schwieriger, das eigene Angebot in der Informationsflut überhaupt sichtbar zu machen. Dabei steht die Werbewirtschaft vor folgendem Dilemma: Indem sie progressiv Medienangebote produziert, die ihrerseits das knappe Gut Aufmerksamkeit produzieren sollen, vermehrt sie zugleich das schon vorhandene Überangebot an Informationen, was die Produzenten wiederum dazu herausfordert, ihr Produkt durch noch mehr Werbung zu exponieren. Mit der Quantität steigt die Komplexität des Marktes, und Aufmerksamkeitsgewinne werden noch unwahrscheinlicher (vgl. SCHMIDT 1996, S. 121). Eine Folge davon ist ein Wertverlust der Werbemark: Die Ausgaben pro Kampagne steigen, während die Erinnerung beim Betrachter nachlässt (vgl. KROEBER-RIEL 1993, S. 250 f.). Hinzu kommt, dass die Kontrolle effektiver Buchungen über Imagebroschüren kaum möglich ist, werden diese doch oft nur zum Informieren geordert.

Ein weiteres Problem ergibt sich für touristische Destinationen daraus, dass sie eigentlich keine Konsumprodukte, sondern eher Bündel sich ergänzender Leistungen darstellen (siehe auch 4.1 – Strategisches Marketing). Im Gegensatz zu einem tausendfach reproduzierbaren Gebrauchsgut mit Markencharakter lassen sie sich in ihrer Komplexität nicht so klar umreißen bzw. eindeutig optisch greifbar darstellen (Gewicht, Volumen, Leistung, Design etc.). Die ursprünglichen Leistungen, d. h. Natur, geographische Lage, Landschaft, Kultur und Gastfreundschaft, welche den betreffenden Regionen gegeben sind, erlauben auch nicht unbedingt eine glaubhafte Alleinstellung (vgl. BRANDT 1973, S. 66). Das Problem der Austauschbarkeit besteht in diesem Zusammenhang bei der Verwendung verbreiteter stereotyper Bilder und Klischees, die häufig mittels empirischer Marktforschung gesammelt und sozialtechnisch eingesetzt werden. Diese Gefahr lässt sich durch einzelne Abweichungen vom Schema und durch Verfremdung von Farbe oder Form ausschalten bzw. durch Messungen und Abgleichen mit den Bildern der Konkurrenz weitgehend kontrollieren (vgl. KROEBER-RIEL 1993, S. 154, 298).

WERNER (1973, S. 89-92) weist auf das Problem der Größe von Urlaubsgebieten hin. Wichtig ist zu Beginn der Imagepflege die Festlegung *eines* allgemein gültigen Vorzugs und die Auswahl möglichst *eines* konkreten integrativen Schlüsselbildes im Rahmen *einer* Strategie. Dies kann sich jedoch aufgrund der touristischen Angebotsfülle einer Region (ähnlich wie bei großen Konzernen) als schwierig erweisen (z. B. wenn Strand und Gebirge gleichermaßen vorhanden sind). Womit werben, wenn man viele verschiedene Produkte bzw. Kunden hat? Zielgruppenfixierung stellt in der Tat eine Herausforderung dar, möchte man doch am liebsten „alle" ansprechen. Die bereits erwähnte „Kirchturmpolitik", gemäß der jeder Ort seine Vorzüge im Verbandsprospekt in den Vordergrund rücken will (siehe 4.1 – Strategisches Marketing), und Kooperationsschwierigkeiten zwischen den Akteuren erschweren die eindeutige Positionierung einer Region zusätzlich. Weder beim Tourismusverband Schwarzwald noch beim Fremdenverkehrsverband Thüringer Wald scheint dies jedoch gravierend der Fall zu sein (Interview 1/2, Frage 7). Derartigen Unstimmigkeiten wird man mit einer alphabetischen Anordnung gerecht.

Schließlich sei auch das Problem der Finanzierung erwähnt, vor dem viele Fremdenverkehrsvereine stehen. Insbesondere der Thüringer Wald hat in den letzten Jahren drastische Kürzungen von Seiten des Landeswirtschaftsministeriums hinnehmen müssen, ungeachtet der Tatsache, dass er Thüringens Tourismusziel Nr. 1 darstellt (siehe 2.5 – Der imaginäre Thüringer Wald sowie Interview 2, Frage 7). Bei sinkendem Etat bleiben viele originelle Ideen auf der Strecke. Ein Vergleich der Budgets für die jährlich aufgelegten Imagebroschüren zeigt deutlich die Disparitäten: Bei gleicher Gesamtauflage (100.000 Stück/Jahr) stehen dem Schwarzwald derzeit etwa 100.000 Euro, dem Thüringer Wald mit 18.000 Euro nur ein Fünftel davon zur Verfügung (Interview 1/2, Frage 1). So präsentiert der Schwarzwald-Tourismusverband seine Mitgliedsorte ausführlich in Text und Bild auf insgesamt 152 Seiten; der Thüringer Wald hingegen zwängt seine sehr allgemein gehaltene Präsentation in bescheidene 18 Seiten.

4.3.1 Anforderungen an die Gestaltung von Prospekten

Die formalen Kriterien, die bei der Erstellung der Werbung angesetzt werden, sind nicht unerheblich für das zu transferierende Image. Selbst wenn sich nicht eindeutig nachweisen lässt, inwiefern Ästhetik und Inhalt einer Broschüre Einfluss auf die tatsächliche Entscheidungsfindung hat (laut Matt-Willmatt sei dies nur der Fall, wenn Image und Katalog ohnehin mit dem Reisewunsch zusammenfallen; auch Brückner vom Fremdenverkehrsverband Thüringer Wald äußert ein vorsichtiges „Teilweise"; Interview 1/2, Frage 6), haben doch bestimmte Standards für die Gestaltung zu gelten. Die Bewertung einzelner Kriterien für die Imagebroschüre ergab bei den Interviewpartnern ein eindeutiges Bild. Sehr wichtig sind: eine optimale und optisch ansprechende Darstellung der Region, ein informativer und dennoch unterhaltsamer Charakter, ein abwechslungsreicher und zugleich übersichtlicher Aufbau in praktischem Format. Der Prospekt müsse hingegen nicht unbedingt „sachlich" sein und auch nicht alle Inserenten gleichermaßen zufrieden stellen (Interview 1/2, Frage 6). Es versteht sich, dass bei der Erstellung einer Broschüre zahlreiche Kompromisse gemacht werden müssen.

KROEBER-RIEL (1993, S. 60) begründet die Bedeutung des äußeren Erscheinungsbildes: Ein Medium wirke ganzheitlich, also mit allen Einzelelementen (Form und Inhalt, Bilder, Headline, Slogan und Text; siehe auch 3.2.3 – Die Macht der Zeichen). Das Motiv müsse *inhaltliches*, die Gestaltung *visuelles* Ereignis sein, um den Blick anzuziehen. Gerade wenn mehrere Regionen die gleichen Gegebenheiten oder Angebote vorweisen (Kinder-/ Familienfreundlichkeit, Preisniveau oder Wintersportmöglichkeiten), gewännen Gestaltung und textliche Aussage an Bedeutung, so WERNER (1973, S. 89). Auch der Diplompsychologe MEYER (1973, S. 43-50) erachtet im Zeitalter des „Massentourismus" die Optimierung der Kommunikationsmaßnahmen (Slogans, Konzepte) und der Werbemittel für sehr wichtig.

Da Ansprüche und Reiseerfahrenheit der Urlauber steigen, muss auch die Werbung stets auf dem neuesten Stand bleiben und aktuelle Trends aufgreifen. Format und Motive der Bilder sollten variieren und sowohl an den gegenwärtigen Medienstil, sprich: den „Bildgeschmack" bzw. die Bildgewohnheiten der Zielgruppe angepasst sein, als auch der „Firma" selbst, der Position des „Produktes" im Lebenszyklus und dem angestrebten Werbeziel – Aktualisierung oder Positionierung – entsprechen (vgl. KROEBER-RIEL 1993, S. 109-111). Bei geringem *Involvement* des Kunden ist ein hoher Unterhaltungswert sehr wichtig. Zudem sind soziodemographische Merkmale, verschiedene Urlaubsmotivationen und -erwartungen der Zielgruppen zu berücksichtigen (vgl. MEYER 1973, S. 48). Nur so kommt ein positives Image zustande, welches ja *das* Kapital von Destinationen darstellt. Die Wettbewerbsvorteile müssen mit den vorhandenen Mitteln glaubwürdig kommuniziert, ein konkreter Profilinhalt auf wesentliche Kernaussagen reduziert, die Botschaft für den „Zusatznutzen" der Region emotionalisiert und überraschende Kommunikationsideen erzeugt werden (vgl. KERN 2001, S. 40-43). Die grundsätzlichen Anforderungen an die Werbung lassen sich wie folgt zusammenfassen:

- Schriftlich-operationale Formulierung eines langfristigen Konzepts (als konkrete Zielsetzung und Handlungsanweisung).
- Kontinuität des entworfenen Konzepts (was jedoch häufig im Drang nach Veränderung missachtet wird, z. B. bei Management-Wechsel; Folge: „Bildersalat").
- Eigenständigkeit und Kreativität der Präsentation (Gefahr der Austauschbarkeit durch Imitation, Standard-Klischees etc.).
- Einfachheit und Klarheit (Beschränkung auf bildliche und sprachliche Kerninformationen)

vgl. KERN 2001, S. 280-285

Werden langfristige Marketingziele mit abgesicherten Gestaltungsmaßnahmen zur Zielgruppenbeeinflussung angelegt und Bildüberlegenheitswirkungen systematisch genutzt, so spricht man von *Imagerystrategie* (vgl. KROEBER-RIEL 1993, S. 245). Sie spricht die inneren Vorstellungen der Betrachter planmäßig an. KROEBER-RIEL hat sich intensiv mit den Techniken der Aufmerksamkeitserregung und Aktivierung für die (Anzeigen)Werbung mit Bildern auseinandergesetzt. Im folgenden Kapitel seien die wichtigsten Erkenntnisse zusammengefasst. Sowohl der Schwarzwald-Tourismusverband als auch der Fremdenverkehrsverband Thüringer Wald arbeiten bei der Prospekterstellung mit einer Werbeagentur zusammen, so dass man von einer bewussten Anwendung der Imagerystrategien ausgehen kann.

4.3.2 Imagerystrategien in der Werbung

Die Erkenntnis der schematischen Verarbeitung und der „räumlichen Grammatik" von Bildern lässt Schlüsse auf ihre Gestaltung zu. Für den Werbeerfolg gilt: Je konkreter ein Bild, desto besser wird es erinnert. Nach KROEBER-RIEL (1993, S. 75 f., 204-209) sorgt der Einsatz von konkreten Motiven, Personendarstellungen, aktivierenden und großen Bildern, von auffälligen Details und einem eigenständigen Stil für hohe Einprägsamkeit. All das trägt zur visuellen Unterscheidbarkeit bei und ist „überlebenswichtig".

Der Betrachter will möglichst persönlich angesprochen werden. Damit er eine gewisse Sicherheit erhält, muss sich ein kommuniziertes Bild durch Erfahrung bestätigen lassen. Fotos haben generell mehr Imagerygehalt als eine Zeichnung; sie stellen eine bessere Simulation der Wirklichkeit dar und ist dadurch glaubwürdiger. Von Vorteil sind dabei dynamische, interaktive Szenen. Lebendige und emotionale Bilder schlagen leichter auf das Verhalten durch. Schnelle Verfügbarkeit im Gedächtnis, Deutlichkeit und Klarheit, Anziehungskraft und Aktivierungsstärke sowie psychische Nähe (d. h. die Vertrautheit) – machen Lebendigkeit aus (vgl. ebd., S. 77-81, 232-242).

Für seine Verständlichkeit müssen die Elemente eines Bildes dem normalen Blickverlauf entsprechend logisch angeordnet sein. Eine klare hierarchische Bild-Text-Komposition (Größe und Anordnung) ist sinnvoll: Schlüsselinformationen/-elemente kommen in den Vordergrund, um Missverständnisse zu vermeiden (vgl. ebd., S. 114-117). Doch auch periphere Elemente und Details können sozialtechnisch zum Einsatz kommen. Sie sind wichtig für die positive Gesamtwirkung, und sie verleihen einer Marke unbewusst einen emotionalen Erlebniswert, was gerade im Tourismus von Bedeutung ist. „Schöne und glatte Bilder reichen nicht aus. Es kommt auf ihre psychologische Stärke an, auf das emotionale Schema, das vom Bild getroffen wird" (ebd., S. 164).

Damit die Betrachtung eines Bildes zum „Ereignis" wird, sind Größe, Farben, Formen und Kontraste ausschlaggebend. Physisch oder emotional intensive sowie überraschende Reize sorgen für eine genauere Wahrnehmung und Gedächtnisleistung. Farbige und große Bildelemente lenken die Aufmerksamkeit auf Schlüsselinformationen. Um das Interesse dann auch zu halten, müssen möglichst mehrere „visuelle Ereignisse" geschaffen werden. Die Reiz*intensität* darf jedoch nicht zu stark, zu ausgefallen oder anstößig sein, da dies zu Irritationen und nachteiligen Nebenwirkungen führen kann (vgl. ebd., S. 101-121). Die wesentlichen Anwendungstechniken für eine einprägsame Verbildlichung lassen sich wie folgt zusammenfassen:

1. Neuartige Kombinationen und Situationen einschließlich Humor.
2. Verfremdung von Objekten durch ungewöhnliche Größenmaßstäbe, Perspektiven, Farben etc.
3. Wiederholung und Spiegelung.
4. Illustrative Verwendung und Gestaltung von Symbolen und Buchstaben.
5. Einbeziehung von sehr bekannten und aufmerksamkeitsstarken Bildmotiven.
6. Stilistisch eigenwillige Inszenierung wie Objektfotografie, Stilleben und Bewegung.

vgl. KROEBER-RIEL (1993, S. 210-217)

Informationen lassen sich direkt über die unmittelbare Abbildung des Produkts oder indirekt über freie Assoziationen, Bildanalogien oder Metaphern und Symbole darstellen (vgl. ebd., S. 124-135). Dabei kann man den sogenannten „dritten Effekt" von Bildern ausnutzen: „Kombiniere die Marke mit einem inhaltlich unabhängigen – aber nicht inkonsistenten – Bild, um neue Vorstellungen zur Marke zu erzeugen" (ebd., S. 128). Den sprachlichen oder bildlichen Assoziationen des Werbemittels kommt eine besondere Bedeutung zu. Sie sind für die gedankliche und emotionale Verarbeitung der Werbebotschaft verantwortlich und bestimmen weitgehend den Beeinflussungserfolg. Standard-Assoziationen lassen sich empirisch bestimmen und gezielt umsetzen. Auch die Wahl der Farben spielt für den Bildeindruck eine große Rolle (vgl. ebd., S. 137, 144 sowie Tab. 7).

Tabelle 7: Farbassoziationen der Deutschen zu ausgewählten emotionalen Eigenschaftswörtern

Wahrheit		Leere		Kühle		Wärme		Verführung		Brutalität	
Weiß	40%	Schwarz	37%	Blau	46%	Rot	42%	Rot	31%	Schwarz	41%
Blau	27%	Weiß	21%	Silber	14%	Orange	23%	Rosa	19%	Rot	24%
Gold	16%	Grau	21%	Weiß	13%	Braun	12%	Violett	14%	Braun	18%
		Blau	5%	Grau	11%	Gelb	8%	Schwarz	12%	Orange	5%
				Grün	6%	Gold	5%	Gold	7%		

Quelle: In Anlehnung an KROEBER-RIEL 1993, S. 145

Die Hervorhebung zentraler Eigenschaften, sprich: „Schlüsselattribute", bildet die sozialtechnische Grundlage der Werbung. Eine Landschaft wird v. a. durch Wasser und Vegetation charakterisiert (vgl. ebd., S. 153; siehe auch 2.3.2 – Zur Symbolfähigkeit). KROEBER-RIEL (1993, S. 165 f., 199-201, 274-279, 285, 316) führt die Bedeutung strategisch entwickelter Bildgrundmotive aus. Zwar darf der Kern der Werbebotschaft abgewandelt werden, doch je länger mit Schlüsselattributen geworben wird, umso eher kann man den Variationsspielraum ausschöpfen, und desto besser lassen sich sachliche oder emotionale Vorteile im Gedächtnis der Konsumenten verankern. Zur Wiedererkennung genügen wenige Kontakte; eine Verhaltenswirkung erfordert jedoch Kontinuität. Für eine erfolgreiche Markenbildung müssen strategische Grundmotive daher über längere Zeit eingesetzt werden, und nicht einfach nur, weil sie interessant, aufmerksamkeitsstark oder gerade „in" sind. Der sogenannte „Bildersalat" – die Anhäufung nicht aufeinander abgestimmter Bildmotive innerhalb einer Kampagne oder durch wiederholten Kampagnenwechsel wirkt sich negativ aus.

Diese Überlegungen führen letztlich zu den Schlagwörtern *Corporate Identity* bzw. *Corporate Design*. Die Unternehmensphilosophie der formalen und inhaltlichen Abstimmung aller Maßnahmen der Markt- und Unternehmenskommunikation soll die Profilierung unterstützen. Der einheitliche Eindruck der Marke oder Firma ist sowohl für die Außen- als auch für die Innendarstellung wichtig. Ein übergeordnetes Leitbild soll die Kräfte aller Leistungsträger einer Destination bündeln und in eine gemeinsame Richtung lenken. Dazu gehören folgende Aspekte:

1. Formale Vereinheitlichung mit einem ausgeprägten und durchgängigen *Corporate Design* (Firmenzeichen, Schriften und Farben etc.) vom Briefbogen über die Verpackung bis hin zum Messe- oder Internetauftritt.
2. Inhaltliche Abstimmung, z. B. durch zentrale, einprägsame Schlüsselbilder. Das Unternehmen erhält so ein „Gesicht".
3. Geographische und zeitliche Kontinuität.

vgl. KROEBER-RIEL (1993, S. 301-310) und KERN (2001, S. 43)

Marken sollen sich als innere Bilder einprägen (siehe auch 2.3 – Die Verbildlichung). Sie äußern sich heute durch Firmensignale – konkrete oder abstrakte Wort-Bildzeichen bzw. *Logos*. Diese müssen schnell erlernbar sein sowie eine klare Assoziierbarkeit, Unterscheidbarkeit und Umkehrbarkeit aufweisen (vgl. KROEBER-RIEL 1993, S. 195-198). Zur marketingstrategischen Absicherung gehört auch die sogenannte „Integrationsregel", d. h. die Marke erscheint im Bild und wird eindeutig mit der Darbietung in Verbindung gebracht. Sprachliche Ergänzung kann die Aufmerksamkeit auf bestimmte Bildelemente lenken und so die Einstellung zum Bild und dessen Verarbeitung beeinflussen. Sprache, besonders bildhafte, erleichtert u. U. das Bildverständnis (vgl. ebd., S. 178-187). Wichtig sind ein klar erkennbarer, positiver Kontext und die Harmonie von Text und Bild. Die Slogans sollten keine „typischen Werbesprüche", sondern angebotsadäquat, unverwechselbar und eigenständig sein (vgl. MEYER 1973, S. 48 f.).

Bei kritischer Betrachtung wirft die gezielte Anwendung der Imagerystrategien zur Beeinflussung menschlichen Verhaltens moralische Fragen auf. Der Werbung hängt seit jeher ein negatives Image von Propaganda und unterschwelliger Indoktrination an. Das folgende Kapitel setzt sich abschließend für den ersten Teil mit dieser Problematik auseinander.

4.3.3 Kritik an der Werbung: Information oder Manipulation?

Von den Gegnern der kapitalistischen Wirtschaftsordnung wird die Werbung oft als „Knecht des Kapitalismus" verteufelt. Die kulturpessimistische Behauptung, „sie lanciere Trends, schaffe künstliche Bedürfnisse oder manipuliere auf der Grundlage motivations- und tiefenpsychologischer Forschungsergebnisse willkürlich Meinungen und Wünsche, ist jedoch nicht ohne weiteres gerechtfertigt. SCHMIDT (1996, S. 122) vertritt die Hypothese, Werbung sei lediglich eine spezifische Kommunikationsform unserer Gesellschaft, die sich möglichst reibungslos mit zielgruppenspezifischen Lebensstilen, Werten, Überzeugungen, Selbstbildern, Bedürfnissen und Sehnsüchten synchronisieren muss, um ihre bezahlten Botschaften im expandierenden Medienmarkt folgenreich unterzubringen. Der beliebte ideologiekritische Vorwurf, Werbung nivelliere, verdumme und trivialisiere, ist aus konstruktivistischer Sicht nicht haltbar, denn Werbung bekomme nie die Gesellschaft, die sie haben möchte; jede Gesellschaft aber bekomme Werbung, die sie haben möchte – „und die hat sie verdient". Ohne Werbung stelle sich nun mal kein Verkaufserfolg ein (vgl. SCHMIDT 1991, S. 7, 11, 22).

KROEBER-RIEL (1993, S. 88-96) geht von einem erheblichen und praktisch relevanten Ausmaß unbewusster Aufnahme, Verarbeitung und Speicherung von Bildern aus. Allerdings sieht er dies nicht als die „Geheimwaffe" der Werbung an, sondern vielmehr als ein „alltägliches Beeinflussungsinstrument in allen gesellschaftlichen Bereichen, von der Kirche bis zur Politik". Normative Überlegungen sollten seiner Ansicht nach nicht darauf abzielen, unterschwellige Beeinflussung zu reglementieren, sondern vielmehr Missbrauch zu verhindern suchen. Nach Ansicht der „Kreativen" selbst ist „Werbung ... weder Betrug noch Manipulation. Sie muss vielmehr ehrlich sein, um überhaupt etwas bewirken zu können" (SCHMIDT 1991, S. 14).

Die Bildersprache stabilisiert oder reorganisiert das menschlich Unbewusste (vgl. SCHMIDT 1996, S. 45). Für KROEBER-RIEL (1993, S. 89) steht daher außer Frage, dass

Bilder mit einer ungeheuren Kommunikationskraft die öffentliche Meinung prägen. Dennoch räumt er ein, dass der Einfluss von Werbebildern auf die inneren Bilder und auf das tatsächliche Verhalten nur schwierig nachzuweisen sei. Zu viele Faktoren wirkten hier zusammen, allen voran die persönlichen Erfahrungen, Einstellungen und Kommunikationswege, z. B. das Gespräch unter Freunden. Die Werbung kann auf die persönliche Motivation nur in geringem Maß Einfluss nehmen; es ist lediglich möglich, die Werbebotschaft so zu formulieren, dass sie die besonderen Interessen des Umworbenen anspricht (vgl. ebd., S. 187). Die Zielgruppenausrichtung von Bildern kann zu einem differenzierten Raum- bzw. Landschaftsverständnis führen. Dennoch:

„Nicht die (Werbe-)/ Medienangebote ... bestimmen, was wir mit ihnen machen; sondern wir als wirklichkeitskonstruierende Instanzen bestimmen, was wir mit solchen Angeboten machen" (SCHMIDT 1991, S. 21).

Tourismuswerbung, so ROLSHOVEN (2001, S. 135), betrifft zunächst unsere direkte Absicht des Waren- bzw. Reisekaufs. „Weniger weckt sie dabei – wie ihr gerne unterstellt wird – latente Bedürfnisse gegen unseren Willen, als dass sie an Vorhandenes anknüpft." Der Imageprospekt nimmt dabei eine Sonderstellung ein. Er soll weniger Aufmerksamkeit erregen oder „manipulieren" als bspw. die Zeitungsannonce oder das Plakat, sondern hat für seine Leser primär informierenden Charakter. Die Entscheidung für das Urlaubsgebiet ist i. d. R. schon vorher gefallen, und dafür waren i. d. R. andere Faktoren ausschlaggebend, allen voran die persönlichen Gespräche mit Verwandten, Freunden und Bekannten (siehe Abb. 10).

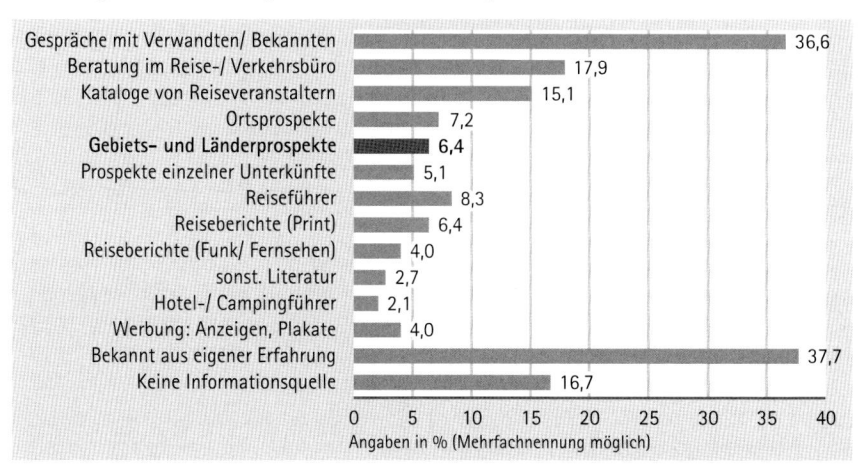

Abbildung 10: Entscheidungsrelevante Informationsquellen im Tourismus

Informationsquelle	Angaben in %
Gespräche mit Verwandten/ Bekannten	36,6
Beratung im Reise-/ Verkehrsbüro	17,9
Kataloge von Reiseveranstaltern	15,1
Ortsprospekte	7,2
Gebiets- und Länderprospekte	6,4
Prospekte einzelner Unterkünfte	5,1
Reiseführer	8,3
Reiseberichte (Print)	6,4
Reiseberichte (Funk/ Fernsehen)	4,0
sonst. Literatur	2,7
Hotel-/ Campingführer	2,1
Werbung: Anzeigen, Plakate	4,0
Bekannt aus eigener Erfahrung	37,7
Keine Informationsquelle	16,7

Angaben in % (Mehrfachnennung möglich)

Quelle: Eigene Darstellung, in Anlehnung an: Studienkreis für Tourismus e. V. 1991, S. 50

Dennoch besteht die Aufgabe der Broschüre ja genau darin, die „touristische Füllung" des Raumes und die in ihn hineingelegten Zeichen und Symbole zu kommunizieren. Dass der Inhalt der Prospekte so ansprechend wie möglich gestaltet wird, ist wohl auch als strategisches Anliegen in Bezug auf die Weitergabe des Images, z. B. durch *opinion leader*, und damit als Investition zu verstehen. Daher muss sich der Prospekt an den Ansprüchen und (Bild)Gewohnheiten des Empfängers orientieren. In jedem Fall lässt sich dieser von den ausgewählten Informationen und Bildern in gewisser Weise berühren und lenken. Ruft man sich die Kraft der Bilder (siehe 3.2.3 – Die Macht der Zeichen) und ihre strategische Anwendung (siehe 4.3.2 – Imagerystrategien) in Erinnerung, so scheint ihr Einfluss auf die inneren (Raum)Bilder zumindest nicht länger fraglich. Für den nun folgenden, praktischen Teil der Arbeit kann daher die Annahme gelten, dass die mentalen oder imaginären Landschaften (des Schwarzwaldes und des Thüringer Waldes) in den Köpfen der Touristen tatsächlich mehr oder minder so sind, wie sie in den Prospekten dargestellt werden.

Teil II

Entwicklung der Tourismuswerbung – Eine „Bildergeschichte"

5 Zur Methodik

Gemäß dem Ziel der Arbeit, die Art der Raumkonstruktion von Destinationswerbung aufzuzeigen, soll nun anhand konkreter Prospekte der Regionen Schwarzwald und Thüringer Wald analysiert werden, wie die Landschaften im Einzelnen dargestellt sind. Mit welchen Zeichen wird der Raum gefüllt? Welche Klischees werden hierbei bedient bzw. geschaffen? Mit welchen Bildstrategien arbeitet die Tourismuswerbung? Welche Aussagekraft haben ihre Bilder? Insbesondere der Faktor Zeit soll dabei berücksichtigt werden: Haben sich die Strategien im Zuge der Tourismusentwicklung verändert?

Dafür wurden alle Imagebroschüren, die seit den Anfängen des modernen Tourismus herausgegeben wurden, systematisch untersucht, und zwar unter besonderer Beachtung der Titelseiten. Diese kommunizieren das (Selbst)bild der Region am deutlichsten, und machen die Landschaft letztlich zu dem „Produkt" (siehe 4.1.1 – Zur Profilierung), das dann auf Messen oder per Post „vertrieben" wird. Für die Untersuchung der Titelseiten bietet sich die qualitative Methode der hermeneutischen Bildinterpretation an, die im folgenden Kapitel vorgestellt werden soll.

5.1 Die hermeneutische Bildinterpretation als Methode geographischer Arbeit

Die hermeneutische Bildinterpretation war in der Geographie bisher eine recht ungewöhnliche Methode. Da im Blickpunkt dieser Arbeit Raum*bilder* stehen – „mediale Räume", erscheint die in der Medienforschung entwickelte Bildinhaltsanalyse sehr wohl angebracht. In der Kommunikationswissenschaft ist sie neben der Textanalyse die am häufigsten verwendete Methode (vgl. BROSIUS/KOSCHEL 2001, S. 156). Inhaltsanalysen bieten zahlreiche Vorteile: So lassen sich im Gegensatz zu empirischen Erhebungsmethoden auch bereits vergangene Kommunikationsprozesse darstellen. Diese sind nicht nur für sich sehr erhellend, sondern sie gewinnen noch an Aussagekraft, zieht man sie als vergleichendes Material zu aktuellen Problemen hinzu. Außerdem kann man Aussagen über die Medieninhalte unabhängig von der physischen Anwesenheit von Personen treffen. Papier ist im Gegensatz zu Befragten sehr geduldig und immer fassbar – Verweigerung ist ausgeschlossen, und die Reproduzierbarkeit ist prinzipiell gegeben, da sich das Objekt nicht verändert; lediglich die Perspektive kann sich mit dem sozialen, politischen und kulturellen Kontext des Betrachters verändern (vgl. ebd., S. 170, 172).

Karmasin (1981, S. 153) erachtet es gerade bei Bildern als wünschenswert, über systematische Kriterien zur Beschreibung und Bewertung zu verfügen, „die über das Feststellen von Akzeptanz oder Abwendung bei den Rezipienten hinausgehen, und Erklärungshypothesen darüber zu gewinnen, warum ein Bild für eine Zielsetzung oder Zielgruppe funktioniert, ein anderes nicht" (Karmasin führte anhand der Österreich-Werbung eine befragungsunabhängige Analyse von Bildmaterial durch). Die Semiotik gibt Auskunft über die tiefere Bedeutung von Bildern, welche sich einer direkten empirischen Feststellung entzieht. Bildsemiotische Analysen finden deshalb in Marketing und Werbung, zumindest was den Konsumgüterbereich angeht, rege Anwendung (vgl. Kroeber-Riel 1993, S. 31 f.). Allerdings sind die Werbemittel (Kampagnen, Kataloge, Anzeigen etc.) nicht miteinander, sondern nur mit sich selbst vergleichbar: „Nicht die Originalität des Einfalls oder gar die gestalterische Ästhetik ist zu bewerten, sondern die Zielwirkung im Verhältnis zum Sollwert der Unternehmenskonzeption" (Brandt 1973, S. 68).

5.1.1 Theoretische Ansätze der Bildanalyse

Die Bildkommunikation kann Gegenstand der Gehirnforschung (Verhaltensforschung), der Imageryforschung (Psychologie) und der Bildsemiotik (Zeichentheorie) sein. Während sich Gehirnforschung und Psychologie primär mit der Verarbeitung (Imagery) und Wirkung von Bildern beschäftigen, kann die Semiotik vereinfacht als die „Wissenschaft der Zeichen" definiert werden (vgl. Kroeber-Riel 1993, S. 23-25). Letztere ist eine relativ junge Disziplin und befasst sich mit Systemen, die zur Nachrichtenübermittlung verwendet werden. Zeichen sind in diesem Sinne alle Mittel, die dazu dienen, etwas mitzuteilen. Dazu zählen nicht nur Worte, Texte, Bilder, Töne und Gesten, sondern im weiteren Sinne auch Gegenstände oder Kleidung, sprich: alles, was in unserer Kultur zur Bedeutungsübermittlung dient (siehe auch 2.3.2 – Zur Symbolfähigkeit sowie Karmasin 1981, S. 255).

Die Semiotik wird in die Teilgebiete Syntaktik, Semantik und Pragmatik unterteilt. Die Syntaktik beschäftigt sich mit den Eigenschaften und formalen Beziehungen der Zeichen selbst, die Semantik mit dem Inhalt – der Bedeutung – der Zeichen, die Pragmatik mit den Wirkungen auf die Benutzer – Sender und Empfänger von Botschaften. Die Semantik widmet sich insbesondere der Situation und dem kulturellen Kontext von Zeichen oder Bildern im Kommunikationsprozess (vgl. Kroeber-Riel 1993, S. 28-32). So kann *ein* Zeichen auf drei verschiedene Weisen analysiert werden.

Müller-Doohm (1997, S. 83) hat ein Konzept erstellt, mit dem sich die Kultursoziologie der Welt der Bilder sinnverstehend, d.h. hermeneutisch, erschließen lässt.

Es handelt sich um ein dreistufiges Interpretationsschema, dass auf Ansätzen der Ikonologie (nach Panofsky), der Ikonik (nach Imdahl) und der Semiologie (nach Barthes) aufbaut. Die hermeneutische Symbolanalyse soll die latenten Mechanismen der visuellen Inszenierungspraktiken transparent machen (siehe Abb. 11). Die Vorgehensweise der Bildinterpretationen in dieser Arbeit orientiert sich im wesentlichen an der von MÜLLER-DOOHM (1997 S. 102-106) vorgeschlagenen systematischen Anleitung für die detaillierte Bildanalyse.

Abbildung 11: Stufenaufbau der hermeneutischen Bildinterpretation

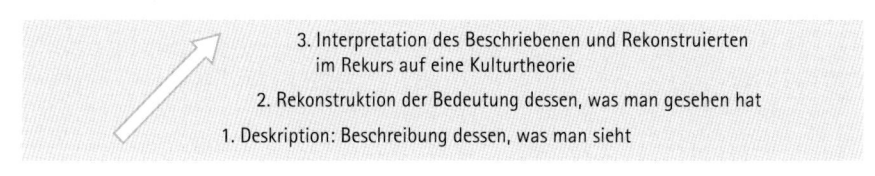

3. Interpretation des Beschriebenen und Rekonstruierten im Rekurs auf eine Kulturtheorie
2. Rekonstruktion der Bedeutung dessen, was man gesehen hat
1. Deskription: Beschreibung dessen, was man sieht

Quelle: Eigene Darstellung in Anlehnung an MÜLLER-DOOHM 1997, S. 97-102

5.1.2 Probleme bei der Erhebung

Für die vorliegende Untersuchung bestand das Problem der genauen Datierung der älteren Prospekte (vor 1950). War keine Drucknummer oder Jahreszahl angegeben, so konnten sie nur anhand von Hinweisen, die aus Inhalt oder Format hervorgingen, zeitlich eingeordnet werden. Mit Hilfe der Mitarbeiter im Heimatmuseum Finsterbergen, im Stadtarchiv Titisee-Neustadt, beim Fremdenverkehrsverband Thüringer Wald in Suhl und beim Schwarzwald-Tourismusverband e. V. in Freiburg konnte der Zeitraum jedoch sehr gut eingegrenzt werden. Bei den ältesten Ausgaben war es teilweise auch schwierig, eine Imagebroschüre als solche zu identifizieren, da der Regionaltourismus noch nicht so zentral organisiert war, sondern auch von externen Stellen Prospekte herausgegeben wurden, so z. B. von der Reichsbahn oder verschiedenen Verlagen.

Die Aussagen in Bezug auf die Werbung insbesondere bis etwa 1950 können nicht als absolut angesehen werden, da die Vollständigkeit der erschienenen Materialien nicht gewährleistet ist, insbesondere für den Schwarzwald als Gesamtregion. Bei der Bombardierung der Stadt Freiburg im Jahre 1944 ist viel Archiv-Material verloren gegangen; so war beim Tourismusverband aus der Zeit vor dem Zweiten Weltkrieg nur ein einziger Prospekt aufzutreiben. Noch schwieriger gestaltete sich die Recherche im Thüringer Wald. Für den *Gesamt*raum waren keine Werbemittel aus der Zeit vor der Wende 1989 aufzufinden (der Fremdenverkehrsverband Thüringer Wald wurde erst 1990 gegründet). Daher zog die Autorin ersatzweise für diese Zeiträume jeweils einen einzelnen Ort stellvertretend für die ganze Region des Schwarzwaldes bzw. des Thüringer Waldes heran. Auf lokaler Ebene wurden zahlreiche Prospekte produziert. Nach der ersten Materialeinsicht schienen diese sehr gut für einen repräsentativen Vergleich geeignet.

Für die erste Phase des Tourismus im Schwarzwald steht der alte Kurort Neustadt (heute: Titisee-Neustadt). Am Titisee begann der Tourismus bereits in den 1860er Jahren. Bis dahin galt die Region unter der ortsansässigen Bevölkerung als „öde, menschenleere Gegend, in welcher eine Wirtschaft nicht nötig und auch nicht lebensfähig sei". Dennoch entstanden bis 1900 mehrere Hotels, und mit dem Eisenbahnanschluss im Jahre 1887 vervielfachte sich die Anzahl der Gäste, die z. T. auch aus England anreisten. Rasch entwickelte sich Titisee zum bekannten und beliebten Kurort und war bis 1988 sogar staatlich anerkannter Kneipp-Kurort (vgl. HERBNER 1995, S. 283-294). Im Stadtarchiv Titisee-Neustadt gab es noch zwei Prospekte aus dieser Pionierphase des Tourismus.

Die Entwicklung der Fremdenverkehrswerbung für den Thüringer Wald soll ebenfalls anhand eines alten Kurorts dokumentiert werden: Finsterbergen bei Friedrichroda. Im örtlichen Heimatmuseum sind Prospekte ab 1900 archiviert. Laut Reiseführer gehört der kleine Ort „zu den schönsten Ansiedlungen des Thüringer Waldes" (vgl. TAEGER 1992, S. 69). Er wurde im 11. Jahrhundert auf einer Rodungsinsel als Klosterdorf gegründet, liegt inmitten des Gebirges und ist von ausgedehnten Wäldern und Wiesen umgeben. Hier waren typische Berufe des Thüringer Waldes (Berg- und Waldarbeiter, Köhler etc.) beheimatet. Lange Zeit ein Fuhrmannsdorf, entwickelte sich hier wie überall in der Region (aufgrund der Armut) das Puppenmacherhandwerk. Um die Jahrhundertwende (1900) muss Finsterbergen im Fremdenverkehr des Thüringer Waldes bereits eine bedeutende Rolle gespielt haben. Dies geht u. a. aus dem Thüringer Kurs- und Verkehrsbuch von 1911 (tw1) hervor, in dem Finsterbergen mit zehn Seiten Gastgeberannoncen bei weitem die größte Zahl aufweist (die übrigen Orte sind mit maximal zwei Seiten vertreten). Zu DDR-Zeiten war Finsterbergen ein sehr bekannter Ferienort mit jährlich etwa 25.000 Übernachtungsgästen (vgl. KRÄHAHN u. a. 1989, S. 81). Daher soll der Ort im folgenden für die Zeit bis 1990 als „typisch" für den Thüringer Wald erachtet werden.

5.2 Zur Vorgehensweise: Die Schritte der Bildanalyse

Bildbedeutungen sind aufgrund komplexer persönlicher und kultureller Einflussgrößen relativ schwierig zu ermitteln, so KROEBER-RIEL (1993, S. 31). So lassen sich symbolische und archetypische Bedeutungskomponenten nur im Zusammenhang mit weiteren Bildmotiven dieser Art, z. B. in Märchen, in der Kunst oder in Filmen, also im Kontext der Zeichensysteme einer Kultur erschließen. Diese wurden bereits im ersten Teil der Arbeit umfassend dargestellt (siehe 2.3 – Die Verbildlichung sowie 2.4 und 2.5 – Der imaginäre Schwarzwald/Thüringer Wald).

Vor der Tiefeninterpretation der einzelnen Titelbilder waren einige vorbereitende strukturierende Schritte zu erledigen. In Anlehnung an den ausführlichen Leitfaden von MÜLLER-DOOHM ging die Autorin dafür im wesentlichen nach folgendem Schema vor (siehe Abb. 12).

Abbildung 12: Schritte der Bildanalyse

1. **Bildersteindrucksanalysen**
    a. Die Primärbotschaft (im Sinne einer ersten Botschaftsklassifikation)
    b. Dargestellte Objekte und Personen
    c. Verwendete markante Stilmomente
    d. Primäre Inszenierungsmachart

2. **Hypothetische Typenbildung**
    a. Auswertung der Ersteindrucksanalysen
    b. Materialsichtung
    c. Familienähnlichkeiten

3. **Typenbildung**
    a. Zuordnung des Gesamtmaterials zu den Typen
    b. Auswahl eines Prototyps (dieser enthält die meisten Merkmale der jeweiligen Klasse)

4. **Einzelfallanalyse**
    Bild- und Textanalyse auf der Basis eines dreistufigen Interpretationsmodells

Quelle: MÜLLER-DOOHM 1997, S. 103

5.2.1 Ersteindrucksanalyse

Zunächst wurde die Fülle an Werbematerial im Archiv des Schwarzwald-Tourismusverbandes zu Freiburg i. Br. sowie im Stadtarchiv Titisee-Neustadt und im Heimatmuseum Finsterbergen bzw. beim Fremdenverkehrsverband Thüringer Wald in Suhl gesichtet. Dabei wurden lediglich die *allgemeinen* Imageprospekte der Region bzw. des Ortes herausgenommen und chronologisch (soweit möglich) sortiert. Bei der Erhebung wurden alle wesentlichen Informationen zu den Prospekten festgehalten (Erscheinungsjahr, Seitenzahl, Herausgeber, Inhalt und Bild-Text-Verhältnis der gesamten Broschüre sowie die Beschreibung des Titelbildes).

Um einen Vergleich der Botschaften im Zeitverlauf anzustellen, mussten zunächst einzelne Phasen ermittelt werden. Dafür wurde nach auf den ersten Blick erkennbaren, optischen „Sprüngen" gesucht. Da es sich aber allein in der engeren Auswahl um insgesamt fast 40 Medien handelt, erscheint es für diese Arbeit sinnvoller, die Teilschritte der Ersteindrucksanalyse, wie MÜLLER-DOOHM sie vorsieht, in den letzten Schritt, nämlich die Einzelfallanalyse, zu integrieren. Dort werden zunächst die ausgewählten Prospekte und Titelbilder mit ihren primären Merkmalen kurz beschrieben und ihre Auswahl begründet. Die jeweils aussagekräftigsten pro ermittelten Zeitraum gingen (sofern mehr als zwei verschiedene Exemplare vorlagen) in den weiteren Interpretationsablauf ein. Teilweise veranschaulichen auch mehrere Prospekte gleichzeitig in ihrer Gesamtheit die Werbestrategien einer Phase.

5.2.2 Hypothetische Typenbildung

Es stellte sich zunächst die Frage, ob in verschiedenen Epochen auch andere Bilder verwendet wurden bzw. ob und welche Motive sich im Sinne von *Mimesis* (siehe 3.2 – Medien konstruieren) stets wiederholen. Haben sich die von der Werbung propagierten Raumbilder gewandelt? In der Geschichte des deutschen Fremdenverkehrs grenzt man bestimmte Entwicklungsphasen ab, denen sich zweifelsohne auch die Tourismuswerbung in gewisser Weise angepasst haben muss. So wurden zunächst hypothetisch fünf Zeiträume bestimmt, zwischen denen Sprünge zu erwarten waren (siehe Abb. 13).

Abbildung 13: Entwicklungsphasen des „modernen" Tourismus

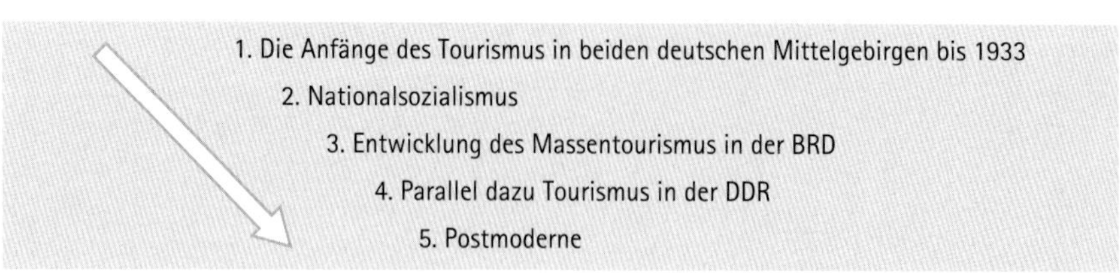

1. Die Anfänge des Tourismus in beiden deutschen Mittelgebirgen bis 1933
2. Nationalsozialismus
3. Entwicklung des Massentourismus in der BRD
4. Parallel dazu Tourismus in der DDR
5. Postmoderne

Quelle: Eigene Darstellung in Anlehnung an SPODE 1987 und 1991

Dazu gehören insbesondere die Einschnitte der diktatorischen Regime des 20. Jahrhunderts in Deutschland, denen womöglich eine Sonderrolle zukommt. „Extreme" gesellschaftliche Bedingungen lassen interessante Rückschlüsse auf den Zusammenhang von Werbeideologie und Raumbildern zu; in welcher Form, wird sich bei der Interpretation der Einzelfälle herausstellen. Um Vergleichbarkeit zu gewährleisten, wurden für jede einzelne Epoche die Prospekte der beiden Beispielregionen gegenübergestellt.

5.2.3 Typenbildung

Nach der ersten Begutachtung und dem damit einhergehenden Vergleich von rein äußerlichen Eigenschaften wie Format der Broschüre und Stil des Titelbildes konnten aus der Gesamtmenge an Prospekten Typen gebildet werden. Wann ist ein grober formeller Wandel eingetreten? Diese zunächst formalen Typen oder Gruppen sollten dann anhand der Interpretation des Titelbildes in der Einzelfallanalyse inhaltlich überprüft werden.

Politische Zäsuren waren in der Tat beinahe auf den ersten Blick erkennbar. Die Abgrenzung der Typen nach den fünf großen Entwicklungsphasen musste dennoch teilweise relativiert werden. Zum einen gibt es übergreifende gesellschaftliche Veränderungen. Abgesehen von den Einschnitten der beiden Weltkriege hat der Tourismus in Form der „Freizeitreise" ebenso wie die Werbewirtschaft eine permanente und rasante Steigerung erfahren. Zum anderen muss man die Phasen weiter differenzieren sowie regionale Besonderheiten und Entwicklungen berücksichtigen (z. B. was den Attraktivitätsgrad der Regionen betrifft). So sind in Bezug auf die Bilder insbesondere im Schwarzwald noch einmal deutlich die 50er/60er von den 70er/80er Jahren zu unterscheiden, was v. a. mit der Neuorganisation im baden-württembergischen Fremdenverkehr zusammenhängt. Erst seit 1974 gab der Fremdenverkehrsverband Schwarzwald e. V. ein eigenständiges Ferienmagazin heraus. Auch innerhalb der 40jährigen DDR-Zeit zeigt sich ein gewisser Wandel, der einer differenzierten Analyse bedarf.

5.2.4 Einzelfallanalyse

Hier werden nun die Titelseiten der ausgewählten Prospekte eingehend hinsichtlich ihrer Symbolstruktur analysiert, und die Raumbilder vor entsprechenden gesellschaftlichen Hintergründen herausgearbeitet. MÜLLER-DOOHM gibt für die Einzelfall-Bildanalyse folgenden Leitfaden an:

1. Bildelemente (Beschreibung der Objekte, Szenen, Relationen der einzelnen Elemente etc.)
2. Bildräumliche Komponenten (Bildformat, Perspektiven)
3. Bildästhetische Elemente (Licht-Schatten-Verhältnisse, Stil und Stilbrüche, Farbgebung, grafische und drucktechnische Besonderheiten etc.)
4. Textelemente (Vokabular, Syntax, Schriftarten, Ästhetik des Schriftbildes etc.)
5. Bild-Textverhältnis (in Bezug auf Größe, Menge, Position und Logik des Seitenaufbaus)
6. Bildtotalitätseindruck (Stimmung und Gefallen)

vgl. Müller-Doohm (1997, S. 105 f.)

Die Einzelfallanalyse der Titelbilder wird durch aufschlussreiche Informationen aus dem Inhalt der Broschüre (Text, Schrift, Bilder etc.) ergänzt. Zur Interpretation wurde teilweise auch anderes Archivmaterial herangezogen: Geschäftsberichte des Schwarzwald-Tourismusverbandes sowie Zeitungen und Ortschroniken aus dem Heimatmuseum Finsterbergen. Auch aus den Leitfadeninterviews konnten zusätzliche Informationen gewonnen werden. Nach der Zerlegung des Bildes in seine Teilelemente und deren Einzelbedeutungen und Symbolcharakter lässt sich eine Gesamtaussage treffen. An jedes Bild wurde dafür die „Frage" nach der vermittelten Botschaft und des dazugehörigen Raumbildes gestellt. Dabei geht es um vier zentrale Probleme:

- Woran lässt sich die beworbene Region erkennen, bzw. was sind die Besonderheiten der Region?
- Wie lautet die Bildbotschaft? Warum soll man hierher kommen?
- Welches Bild wird hier von der Landschaft entworfen und kommuniziert?
- Wie „authentisch" wirkt das Bild oder das gewählte Motiv (künstlich-gestellt oder natürlich-echt)?

Die Erlebnisweise eines Bildes (als individuell/persönlich) ist nicht nur vom Thema bzw. Inhalt des Bildes abhängig, sondern von einer Reihe formaler Gesichtspunkte – von den Konstruktionsprinzipien, die durch eine semiotische Analyse ermittelt werden können. Nach Karmasin (1981, S. 256, 264 f.) gilt es bei der Bildanalyse folgende Kriterien zu berücksichtigen: die realisierte Perspektive (zentral/schräg), die vom Bild vorgegebene Distanz des Betrachters (weit, mittel, nah oder im Bild), die geometrische Anordnung und Komposition (z. B. „Goldener Schnitt"), die Fokalisierung, (d.h. die Lenkung des Blicks durch Fluchtlinien, Perspektiven oder Personen), die Rolle des Betrachters (Integration oder nicht) sowie die Rolle der Zeit (statischer, zufälliger, unverwechselbarer und einmaliger Augenblick).

KARMASIN (1981, S. 257 f.) beschreibt dem gemäß verschiedene Bildtypen. Ein weit verbreiteter Typ ist die Darstellung von klassischen Landschafts- und Ortsmotiven in Zentralperspektive, die in den Panoramabildern zahlreicher Postkarten, Prospekte oder Reisebücher anzutreffen ist. Diese Betrachtung wird als anonym, unpersönlich, einfach und gewöhnlich empfunden, als typische Perspektive eines Fremden. Die Distanz ist vom Bild her genau festgelegt, der Bildinhalt ist i. d. R. nicht narrativ, es sei denn, eine Person wird mit im Bild abgebildet. Eine andere geometrische Komposition ist die Schrägansicht in das Bild hinein, welche mit Diagonal- oder Fluchtlinien unter Umständen etwas mehr Dynamik in das Bild bringt. Besonders gelungen und harmonisch erweist sich die Anordnung der Elemente im sogenannten „Goldenen Schnitt" (1/3 : 2/3). Spannender und persönlicher wirken Motive, die eine zufällige, erlebte Urlaubsszene darstellen (z. B. Menschen in Großaufnahme). Der Betrachter kann sich so besser identifizieren, er wird quasi in das Bild hineingezogen und zum „Mitmachen" animiert. Wichtig ist nach KARMASIN (1981, S. 260 f.) auch das Zusammenspiel, die Kohärenz von Bild und Text, sowohl inhaltlich als auch kompositorisch.

6 Die Bilder der Werbung im tourismushistorischen Kontext

Wie in den Kapiteln 2 bis 4 bereits deutlich wurde, ist die Geschichte der Raumbilder wie das Landschaftsverständnis an die Entwicklung der Urlaubsdestinationen, die Tendenzen auf Anbieter- und Nachfragerseite sowie an übergreifende gesellschaftliche Phänomene gebunden. „In menschlichen Gesellschaften kommt Ideologien eine zentrale Rolle in der Steuerung sozialer Prozesse zu. Es sind standort- und folglich interessenabhängige Artikulationen ... die dem eigenen Standort die relativ beste Position im sozialen Austausch ‚zuspielen' wollen. Die Politik ist voller Ideologien, und auch die Ökonomie ist ohne Ideologie nicht funktionsfähig" (Hasse 1993, S. 64 f.). Unter Berücksichtigung dieser Tatsache sollen die Bilder der Werbung in den folgenden Kapiteln interpretiert werden. Die Sehnsucht des Menschen nach einer heilen Welt ließ sich seit jeher in gewisser Weise „missbrauchen". So haben politische, kommerzielle oder religiöse Strukturen zu jeder Zeit Formen und Inhalte der Landschaft beeinflusst (vgl. Wormbs 1981, S. 7, 169).

Für die Geschichte des Reisens ist belegt, dass ein und derselbe Raum mit unterschiedlichen Bedeutungen gefüllt wurde und wird (vgl. Wöhler 2001[1], S. 82 f. sowie 2.1 – Die ästhetische Landschaft und 2.2.2 – Die Landschaft als gesellschaftliche Konstruktion). Für die deutschen Mittelgebirge beginnt der Tourismus nach heutigem Verständnis gegen Ende des 19. Jahrhunderts. Zunächst einer Minderheit vorbehalten (Adel, gehobenes Bürgertum und Industrieunternehmer), ging er durch Kommerzialisierung und Innovationen im Verkehrs- und Sozialwesen sehr schnell auch in die unteren Bevölkerungsschichten über: zunächst Beamte und Angestellte, ab den 1920er Jahren auch die Arbeiterschaft (vgl. Spode 1993, S. 4 f.).

In einigen Mittelgebirgsregionen wird der Tourismus zur Haupterwerbsquelle. In Finsterbergen wie in vielen Luftkurorten und Bädern spielt die Sommerfrische dabei eine zentrale Rolle. Verkehrsvereine organisieren erstmals die Vermarktung von Brauchtum und Landschaft. „Durch Imagepflege, Abbau protoindustrieller Strukturen und den Aufbau einer touristischen Infrastruktur und sekundärer Gewerbe (Souvenirherstellung etc.) gelangen manche Gemeinden zu beträchtlichem Wohlstand" (ebd., S. 5). Das Wandern in der Natur war Hauptbestandteil des Urlaubs, wobei häufig romantische Landschaftsbeschreibungen die Ästhetik bestimmten (siehe auch 3.1.2 – Die „touristische Brille"). Im Dritten Reich erfuhr der Tourismus einen weiteren Aufschwung: „Kraft durch Freude" (KdF) ermöglichte auch dem Proletariat den Zugang zur Urlaubsreise. Der Volkstourismus der 1920er Jahre wurde aufgegriffen und zur standardisierten Massenware entwickelt (vgl. ebd., S. 6).

Die Entwicklung der Tourismuswerbung nach dem Zweiten Weltkrieg muss – durch die Spaltung Deutschlands – für den Schwarzwald und den Thüringer Wald gesondert betrachtet werden. Aus tourismusgeschichtlicher Sicht bieten sich generell zwei Vergleiche an: der zwischen beiden deutschen Staaten ab 1949 und der zwischen nationalsozialistischem und kommunistischem Regime. Eine verblüffend geringe Berührungsangst der DDR mit „braunen Vorläufern" war u.a. auch im Bereich des Fremdenverkehrs zu beobachten. Der FDGB knüpfte an das sozialtouristische Modell der KdF-Reisen an. So wurden bspw. in der DDR wie im Dritten Reich Reisen als Belohnung für systemkonformes Verhalten vergeben (vgl. SPODE 1996, S. 12-18).

Ebenso gab es parallele Entwicklungen in den beiden deutschen Staaten: Zwar waren Reiseziele und -stile zwangsläufig verschieden, doch die Reiseintensität stieg in beiden deutschen Staaten ab den 1950er Jahren boomartig an. Die Urlaubsreise sollte in Gesamtdeutschland kein Privileg mehr sein (vgl. ebd., S. 15, 21). Des Westdeutschen italienische Adriaküste („Teutonengrill") war dem Ostdeutschen der bulgarische „Goldstrand".

So stellt sich konsequenterweise die Frage, ob diese übergreifenden Phänomene auch in der Werbung ihren Niederschlag gefunden haben. Anhand der Prospekte des Thüringer Waldes nach der Wiedervereinigung Deutschlands kann man nun prüfen, inwiefern sich die Destinationswerbung marktwirtschaftlichen Maßstäben genähert hat und wie sich die postmodernen Entwicklungen auf dem Reisemarkt der Freizeit- und Erlebnisgesellschaft ab den 1980er Jahren in der äußern. In der aufgezeigten chronologischen Reihenfolge werden nun die Titelseiten der Prospekte interpretiert. Die anschließende Zusammenfassung liefert eine ausblickende Synthese der wesentlichen Erkenntnisse aus den Bildanalysen.

6.1 Erste Bilder: Von den Anfängen des Tourismus bis 1933

Gegen Ende des 19. Jahrhunderts (etwa ab 1870) bis zum Ersten Weltkrieg zeichnet sich im Zuge der Industrialisierung eine rasante Entwicklung des deutschen Fremdenverkehrs ab. Auch die Entwicklung der Werbewirtschaft als Teilbereich des Wirtschaftssystems fällt in diesen kapitalistisch geprägten Zeitraum und war v.a. an die Durchsetzung der Massenmedien gekoppelt (vgl. SCHMIDT 1991, S. 6). So entstanden mit den ersten Erscheinungen des Massentourismus auch in diesem Bereich die ersten Ansätze gezielter Förderung und Werbeaktivitäten (vgl. WILDE 1998, S. 116). Schon früher hatten einzelne größere Gasthöfe, Beherbergungsbetriebe oder Bäderverwaltungen mit Prospekten und Zeitungsannoncen auf sich aufmerksam gemacht. Die Erschließung der Fremdenverkehrsorte ging in vielen ländlichen Regionen nun mit der systematischen Gründung von Verbänden und Vereinen vonstatten, die am Auf- und Ausbau des Fremdenverkehrs interessiert waren, z. B. die sogenannten *Verschönerungsvereine*. Ihre Reklame beschränkte sich zunächst überwiegend auf die Herausgabe von Wohnungsverzeichnissen oder Wanderführern für einzelne Orte.

Die örtlichen Vereine als hauptsächliche Träger der Fremdenverkehrswerbung wurden schon bald organisatorisch vom Bund Deutscher Verkehrsvereine (BDV) unterstützt. Der Interessenverband setzte sich ab 1902 im gesamten Deutschen Reich für die Verbesserung der Eisenbahnverbindungen (z. B. Feriensonderzüge), die zeitliche Entzerrung der Sommerferien und v. a. für eine systematische Auslandswerbung Deutschlands ein. Nach anfänglichen Reibereien erkannten die Verbände schnell die Synergieeffekte von (über)regionalen Zusammenschlüssen. Schon 1892 war der „Allgemeine Deutsche Bäderverband" gegründet worden. „Bis zum Jahre 1912 wurden insgesamt 30 Landes- und Provinzial-Verkehrsverbände ins Leben gerufen, die fast alle Tourismusregionen des Deutschen Reiches vertraten" (ebd., S. 118 f.). So kam es allmählich zu Kooperationen auch im Bereich der Werbung. Über das Netz des BDV erfolgte bis 1914 zugleich der Vertrieb von lokalen und regionalen Werbeschriften. Er bot kostengünstigen Versand, Übersetzungen sowie konstruktive Kritik und Beratung in Bezug auf das Werbematerial. Indirekt förderten auch die deutschen Staatseisenbahnen den Fremdenverkehr, indem sie mit diversen Werbemaßnahmen den Fahrscheinverkauf zu steigern suchten (vgl. ebd., S. 121).

Mit dem Ausbruch des Ersten Weltkriegs kamen der Reiseverkehr und die Reisewerbung völlig zum Erliegen. Viele Fremdenverkehrsverbände stellten ihre Aktivitäten zunächst ein oder passten sich bzgl. ihrer Klientel an die veränderte Situation an: nichtwehrpflichtiges Publikum, Frauen, ältere Menschen oder aber Kriegsverwundete (vgl. WILDE 1998, S. 116-124).

Für den Zeitraum, da die Organisation des regionalen Fremdenverkehrs noch in den Anfängen steckte, ist noch kein einheitlicher „Trend" der Gestaltung von Werbematerial zu erkennen. Hier variieren nicht nur Erscheinungsfrequenz, sondern auch Format, Sprachstil, Schriften etc. noch sehr stark. Teilweise sind die ersten Versuche der marktgerechten Aufbereitung von Orten oder Regionen den späteren Werbestrategien allerdings recht ähnlich. So findet sich schon hier häufig die Gliederung der Broschüren nach Jahreszeiten. Und romantische Natur- und Landschaftsbilder à la Caspar David Friedrich zieren die Titelseiten damals wie heute (siehe 3.2.1 – Der Einfluss der Kunst).

6.1.1 Bilder des Schwarzwaldes

Die touristische Erschließung des Schwarzwaldes setzte in den 1860er Jahren ein. Im Jahre 1866 wurde am Titisee die erste Wirtschaft eröffnet, die – schon bald zum Hotel ausgebaut – wider Erwarten großen Erfolg mit sich brachte. Die Zahl der Gäste in der Region – fast ausschließlich gehobenes Bürgertum aus Deutschland und Großbritannien – nahm rasch zu und explodierte gewissermaßen mit dem Eisenbahnanschluss. Schon im Jahre 1864 kam es zur Gründung des Schwarzwaldvereins. Freiburger Gastronomen, Kaufleute und Industrielle setzten sich das Ziel, den Schwarzwald zum bekannten Reiseziel zu machen und dabei auch die Erhaltung der Landschaft zu gewährleisten. Die ersten Reiseführer, allen voran Baedeker 1886, trugen erheblich zur Attraktivitätsförderung bei (vgl. Schwarzwaldverein e. V. 2001, S. 36-40). 1889 gründete man den Verkehrs- und Verschönerungsverein Titisee, und 1908 erschien die erste, reich bebilderte Hochglanzbroschüre. In der Zwischenkriegszeit erwies sich die Tourismusförderung und kommunale Imagepflege für Neustadt am Titisee als „bittere Notwendigkeit", da es von der Wirtschaftskrise besonders betroffen war (vgl. HERBNER 1995, S. 283-290). Für die Anfangszeit steht stellvertretend der einzige auffindbare Prospekt aus dem Stadtarchiv in Titisee-Neustadt *Sw 1* von 1910.

Einzelfallanalyse: Der Prospekt *Sw 1* (1910)

Das Heft wurde 1910 vom Neustädter Verkehrs- und Verschönerungsverein herausgegeben. Auf den ersten zehn der insgesamt 37 Seiten (Format: ca. DINA5) wird der Ort zunächst allgemein und recht sachlich mit Lage und Ausstattung beschrieben; zwischen den Text sind kleinere Schwarzweißfotos gesetzt. Die teilweise medizinischen Angaben auf den Innenseiten beziehen sich auf die Hauptreiseform dieser Zeit: die Kur. Auf den übrigen 27 Seiten befinden sich Annoncen der ansässigen Hotels, Restaurants und Einzelhandelsbetriebe – ein Prinzip, dass auch in heutigen Imagebroschüren bzw. Gastgeberverzeichnissen angewandt wird.

Die Titelseite ziert ein kunstvoll gestalteter Schwarzweißdruck (siehe Abb. 14 – Urheber: Vereinigte Kunstanstalten A.G. Kaufbeuren/München). Den Hauptteil nimmt ein Gemälde ein, welches eine große Landschaftsaufnahme zeigt: Etwas entfernt liegt unten im Tal der Ort Neustadt mit der großen Kirche im Mittelpunkt. Der Betrachter befindet sich in einer leicht erhöhten Position, die den klassischen Panoramablick ermöglicht. In der Ferne sind leicht verschwommen sanft geschwungene Hügel zu erkennen. Am vorderen Hang zieht sich quer durch das Bild ein Mischwald (überwiegend Tannen) hinauf, der mit hohen Bäumen das Panorama am linken Bildrand abschließt. Auf der Wiese oder Lichtung im Vordergrund stehen in unmittelbarer Nähe zum Betrachter zwei Rehe. Die Waldtiere können die friedliche, gesunde und natürliche Umgebung repräsentieren. Dieser Landschaftsausschnitt wird von einem jugendstilartigen „Fenster" umrahmt.

Abbildung 14: Titelseite des Prospekts *Sw 1* (um 1910)

Quelle: Stadtarchiv Titisee-Neustadt, 2002

Vor dieses Panorama wurde collagenartig ein kreisförmiges Bild gesetzt, welches in Nahaufnahme (bis zur Taille) eine Frau in Tracht zeigt. Sie lächelt etwas zurückhaltend, blickt den Betrachter nicht direkt an, sondern senkt etwas verlegen den Kopf. Dieses eingefügte Bild wirkt wie eine Lupe, die einen vergrößerten „Landschaftsausschnitt" zeigt. Dahinter ist ein blühender Strauch gezeichnet, der – wahrscheinlich als Sinnbild für den Verkehrs- und Verschönerungsverein – nach unten aus dem Bild heraus ragt. Die Gesamtaussage könnte lauten: Natur und Kultur bilden hier eine Einheit. Der Betrachter wird nicht direkt angesprochen oder eingeladen; es findet sich kein zielgruppengemäßer Slogan auf der Titelseite. Lediglich der Herausgeber gibt sich unterhalb des Bildes zu erkennen; der Ortsname wurde in Großbuchstaben über das Bild gesetzt. Die feine, kunstvolle Schrift rundet den Stil der Titelseite ab.

6.1.2 Bilder des Thüringer Waldes

Während der Thüringer Wald im 19. Jahrhundert lange noch als einsames Gebiet der Harzschürfer, Köhler und Bergmänner mit nur vereinzelten Wanderern galt, entwickelte sich der Fremdenverkehr gegen Ende des Jahrhunderts sehr rasch. Ein dichtes Wanderwegenetz wurde erschlossen. Traditionsreiche Wirtshäuser aus dieser Zeit – oft ehemalige Ausspannen, Wegzollstellen, Geleithäuser, Jagdhütten und Wassermühlen – laden noch heute zur Rast ein (vgl. TAEGER 1992, S. 10). In Finsterbergen kümmerte sich ab den 1890er Jahren der Fremdenverkehrsverein um die touristische Organisation. Bis zum Ersten Weltkrieg wurden die Gäste mit Omnibussen oder Autos von den Bahnhöfen Gotha oder Friedrichroda nach Finsterbergen gebracht (siehe Fahrplan in: LOEWY 1911).

Für den Zeitraum bis 1933 war im örtlichen Heimatmuseum zahlreiches Werbematerial vorhanden. Davon wurden für diese Arbeit folgende Prospekte ausgewählt: *Tw 1*, *Tw 2*, *Tw 3* und *Tw 4*; zur Ergänzung wurde LOEWY 1911 herangezogen. Alle Prospekte dieser Zeit sind noch in schwarzweiß gedruckt, eine Gestaltung, die heute kaum mehr Beachtung finden würde. In Kontrast zum relativ sachlichen Layout sind die Texte um so blumiger gehalten. Der Dichter Trinius schrieb das Vorwort für das Thüringer Kurs- und Verkehrsbuch und spricht vom Thüringer Wald als „jenem sonnigen, burgenreichen, von Geschichte und Poesie so wundersam umwehten Land" (vgl. ebd., S. 2). Er charakterisiert die Landschaft mit ähnlichen Klischees, die auch in heutigen Prospekten verwendet werden: Minnesang, Goethe, Schiller und Bach werden in engen Zusammenhang mit dem Hochwald, den Burgen und dem Rennsteig gestellt – „klassischer Boden" – und der Thüringer Wald zum „poetischsten Bergrevier des deutschen Vaterlandes" (v)erklärt (vgl. ebd., S. 3). Schon unter den damaligen Sommerfrischlern galt das Mittelgebirge als „Jungbrunnen", Wander- und Wintersportparadies.

1. Einzelfallanalyse: Der Prospekt *Tw 1* (ca. 1915)

Auf den ersten Blick wirkt die Broschüre, die neben allgemeinen Informationen auch ein Annoncen bestehendes Gastgeberverzeichnis beinhaltet, relativ schlicht. Laut Angaben von Frau Schwintek im Heimatmuseum Finsterbergen ist sie zwischen 1906 und 1920 erschienen. Das Heft umfasst 36 Seiten, ist etwas kleiner als DINA5, es ähnelt in Aufbau und Format dem ersten Heft aus Neustadt, *Sw 1*. Der Text liefert neben einer poetischen Ortsbeschreibung ebenfalls medizinische Informationen (keine Frakturschrift). Hinzu kommen einige Schwarzweißfotos sowie ein Panoramafoto zum Aufklappen. Das Titelbild (siehe Abb. 15) – eine Schwarzweißgrafik – zeigt am linken Rand eine dicke Eiche.

Ein schräg gesetzter „Slogan" spielt auf die Haupturlaubsform dieser Zeit an: „Sommerfrische Finsterbergen" – ein Begriff. Dazu ruft man, in kleinerer Schrift darunter gesetzt, mit einem poetischen Motto zum Wandern auf: „Tritt Wand'rer, ein in diese Herrlichkeit; / Du kehrst – o glaube mir – mit Freuden wieder! / Die Waldesluft dehnt dir die Brust so weit / Und heil'ger Friede steigt ins Herz hernieder. / Der Tanne Duft, der Vielen Heilung schafft, / Erquickt dich hier mit seiner Wunderkraft!" Das mit

Eichenblättern verzierte Wappen links oben gehört zum damaligen Herzogtum Sachsen-Coburg-Gotha. Die geographische Lage des Ortes wird auf der Titelseite noch präzisiert: „500-552 m über dem Meere, 3 Kilom. von Bad Friedrichroda"; dies gibt dem Empfänger nicht nur Orientierung, sondern auch die Garantie eines hervorragenden Luftkurortes.

Abbildung 15: Titelseite des Prospekts *Tw 1* (zwischen 1906 und 1920)

Quelle: Heimatmuseum Finsterbergen, 2002

2. Gebündelte Einzelfallanalyse: „Reihe der 20er Jahre" (Die Prospekte *Tw 2*, *Tw 3* und *Tw 4*)

Zeitlich folgt eine Reihe von relativ ähnlichen Prospekten, die sich zwischen 1920 und 1930 einordnen lassen (siehe Abb. 16-18). Es handelt sich jeweils um kleinere Faltblätter (z. T. mit Faltkarte) in einer Größe von ca. 10x19 cm. Die Titelseiten zeigen schwarz-weiße Landschaftsbilder – Fotos oder Gemälde. Gemein ist ihnen die schlichte und klare Darstellung. Es handelt sich um größere Landschaftsausschnitte mit dem Tal im Vordergrund und den ansteigenden Hügeln im Hintergrund. Mal zieht sich ein Bach durch das Tal, dann ein Weg; einmal ist auch der Ort zu sehen, dann wieder liegt der Waldsee direkt vor dem Betrachter. Immer ragen – landschaftsprägend – hohe Bäume (Tannen oder Fichten) ins Bild hinein; die Hügel sind waldbedeckt – man ist im von schützenden Wäldern umgebenen Finsterbergen. Alle Bilder zeugen von fast unberührter, romantischer Natur. Menschen tauchen, im Gegensatz zum Neustädter Prospekt von 1910 (*Sw 1*), nicht auf.

Die Bilder der Werbung im tourismushistorischen Kontext ——————— 95

Abbildungen 16-18: „Reihe der 20er Jahre": Titelseiten der Prospekte *Tw 2* (1928), *Tw 3* (1929), *Tw 4* (um 1931)

Quelle: Heimatmuseum Finsterbergen, 2002

Mit den Schlagwörtern auf den Titelseiten werden deutlich die Vorteile von Finsterbergen betont: „Klimatischer Höhenluftkurort", „Keine Fabriken am Ort", „Geschützte Höhenlage", „Reiches Ausflugsgebiet", kurz – eine „Beliebte Sommerfrische"; nach heutigem Verständnis handelt es sich um sehr klar formulierte *Slogans*. Wie bei *Tw 1* sind die Texte auf den Innenseiten recht schwülstig, oft auch gereimt. Ein Begriff, der immer wieder auftaucht, ist die „Schaffenskraft" bzw. „Nervenkraft", die man hier schöpfen kann. Dies wird verständlich, wenn man sich die damaligen Haupturlaubsmotive und -stile vor Augen hält: Die meisten Gäste waren regelmäßige Kurgänger, die Heilung, Ruhe und Entspannung suchten. Daher passen auch die medizinischen Informationen ins Heft. Im Gegensatz zur heutigen Freizeitgesellschaft stand in den 1920er Jahren noch die (harte körperliche) Arbeit im Mittelpunkt des Lebens. Man hatte erkannt, welche Rolle die Natur, klare gesunde (Wald)luft und Wasser für das menschliche Wohlbefinden spielen. Aktivität Nummer eins war auch damals schon das Wandern, welches Seele und Körper erfrischen sollte. Was heute unter dem Schlagwort „Wellness" vermarktet wird, war auch schon in den 1920er Jahren ein Urlaubsmotiv: Das „Schöpfen von Kraft für Körper *und* Seele" findet sich in den Prospekten dieser Zeit wieder.

6.2 Drittes Reich: Nationalsozialismus und Landschaftsbewusstsein

Mit dem aufkommenden Nationalbewusstsein ab der zweiten Hälfte des 19. Jahrhunderts verbunden mit der Romantik (als Gegenposition zur Industrialisierung) wurden Begriffe wie Heimat, Landschaft und Natur stark verklärt. Im Dritten Reich kam diesen dann eine besondere, innenpolitische Bedeutung zu. Die Natur sollte „als vorgeschützte Autorität jede Rebellion wider die faschistische Diktatur schon im Keim ersticken, ja nicht einmal die Möglichkeit zu Veränderungen in Betracht ziehen lassen" (WORMBS 1981, S. 82). Die Nationalsozialisten nutzten die Heimat- und Landschaftsverbundenheit der Menschen, wie sie in ihrem Brauchtum zum Ausdruck kommt, und kommunizierten diese im „deutschen Sinne". Deutsche Stämme, in deutscher Landschaft fest verwurzelt, galten als Träger und Bürgen scheinbar natürlicher Beständigkeit der aufoktroyierten Ordnung. Die konservative Statik spiegelte sich in allen Bereichen wieder. Das „Gefühl für Naturverbundenheit" – wie es für bedingungslose Loyalität erforderlich war – sitze „dem deutschen Menschen als heiliges Erbgut tief im Blute", so ein Lehrbuch für Biologie aus dem Jahre 1940. Der Missbrauch sinnlicher Reize einer Fiktion erzeugte eine verdächtige Idylle und belastete die Landschaft mit folgenreichen ideologischen Werten (vgl. ebd., S. 7, 82). „Angeblich ‚volkstümliche' künstlerische Darstellungen einer zum Klischee zugerichteten Natur in Wort, Bild und Ton waren an der Tagesordnung und geradezu verordnet" (ebd., S. 85).

Im Zuge der Gleichschaltung aller gesellschaftlichen Lebensbereiche wurden auch die Vereine und Verbände im Bereich des Fremdenverkehrs zu einer einheitlichen Organisation geformt und der nationalsozialistischen Führung unterstellt, dem Reichsfremdenverkehrsverband (vgl. WILDE 1996, S. 94). Den Goebbel'schen Einfluss zeigt ein Zeitungsartikel aus dem Jahre 1938, in dem es ausdrücklich heißt:

Exkurs: Tourismusplanung im Dritten Reich

„Der deutsche Fremdenverkehr ist heute einheitlich nach den Richtlinien des Führers und des von ihm beauftragten Präsidenten des deutschen Fremdenverkehrs, Hermann Esser, ausgerichtet, und innerhalb dieser Richtlinien hat sich unsere Tätigkeit zu bewegen. Eigenbrödelei schädigt die Allgemeinheit. Nach den Worten des Führers bedeutet Mitarbeit am Fremdenverkehr Dienst am großen deutschen Vaterland, und dieser Dienst muss einwandfrei sein ... Unsere Mitarbeit am Fremdenverkehr soll so sein, dass sie Dienst am großen deutschen Vaterland ist."

Finsterberger Zeitung 302/1938, S. 5

Nicht nur das Kunstgewerbe richtete sich auf derartig „biologisch-reinrassige" Propaganda und Erziehung ein; auch die Werbewirtschaft war dem Zweck der Vermittlung „deutscher Landschaftsgesinnung" unterworfen. Unter Hitlers Herrschaft scheint das Volkstümliche in Form der Tracht in den Vordergrund – sprich für die Werbung: auf die Titelseiten der Prospekte – zu rücken; vorher war hier fast immer ausschließlich Landschaft zu sehen gewesen (vgl. *Sw 1* sowie *Tw 1*, *Tw 2* und *Tw 3*). Jetzt präsentieren – überspitzt formuliert – selbstbewusste blonde Frauen in bunter Tracht ihre Heimat – ein Beweis für die Regimehörigkeit der Werbung?

6.2.1 Bilder des Schwarzwaldes

Für die Schwarzwaldwerbung dieser Epoche sollen stellvertretend zwei Prospekte stehen, eine aus Neustadt (*Sw 2*), die andere vom Badener Landesfremdenverkehrsamt (*Sw 3*).

1. Einzelfallanalyse: Der Prospekt *Sw 2* (ca. 1934)

Abbildung 19: Titelseite des Prospekts *Sw 2* (um 1934)

Quelle: Stadtarchiv Titisee-Neustadt, 2002

Nach dem Einbruch der Übernachtungszahlen am Titisee während der Wirtschaftskrise stiegen diese mit dem Beginn der NS-Herrschaft Anfang der 1930er Jahre wieder stetig an; in Neustadt traf 1934 der erste KdF-Sonderzug ein (vgl. HERBNER 1995, S. 291-293). Im gleichen Jahr erschien der Faltprospekt *Sw 2* mit ca. zehn Seiten im Format 10x19 cm. Das Titelbild (siehe Abb. 19) zeigt eine junge Frau im Trachtenkleid. Hinter ihr öffnet sich ein Panoramablick auf Neustadt. Die Farbzeichnung wirkt etwas naiv. Der Aufbau der Seite erinnert an die „Reihe der 20er Jahre" aus Finsterbergen/Thüringer Wald: Oberhalb der Schriftzug „Neustadt" in großen Buchstaben mit der topografischen Einordnung: „Hochschwarzwald, 830-1200 m". Unterhalb des Bildes befinden sich wie bei *Tw 2* und *Tw 3* drei kurze Schlagworte, die der Zielgruppenansprache dienen: „Höhenluftkurort", „Kneippkuren" und

„Wintersportplatz" – die Angebote des Ortes. Dem Betrachter sollte klar sein, welcher Urlaubsstil und welche Aktivitäten sich dahinter verbergen. Letztere werden im Inneren der Broschüre genauer beschrieben (keine Frakturschrift), auch mit einigen Schwarzweißfotos. Angefügt ist ein kurzes Gastgeberverzeichnis in Tabellenform.

Wenden wir uns dem Titelbild im Detail zu: Die junge Frau sitzt auf dem Rand eines kleinen Brunnens, welcher durch leichtes Überlaufen von Wasser an der Seite verdeutlicht wird. Sie hat sich fein zurechtgemacht, ihre Sonn- und Festtagstracht angelegt und sich bei einem Spaziergang dort zum Ausruhen niedergelassen – die Hände liegen im Schoß. Über dem schwarzen Rock trägt sie eine grüne, bunt bestickte Schürze, darüber eine weiße Bluse mit Puffärmeln und eine rote Weste; auf dem Kopf sitzt ein weiß-brauner Strohhut, wie ihn Frauen bei warmer Witterung trugen. Die Strümpfe sind weiß, die Schuhe schwarz. Laut Herrn Vogelbacher vom Stadtarchiv Neustadt handelt es sich um die typische Neustädter Tracht.

Die Szene wirkt gestellt, denn die Frau posiert etwas steif, wie jemand, der sich malen oder fotografieren lässt; das Lächeln ist etwas aufgesetzt. Die Wangen leuchten rot, ein Kennzeichen, welches sich durch alle Prospekte der Nazi-Dikatur zieht. Links ragen die Äste einer großen Tanne, einem (obligatorischen) Schwarzwald-Symbol, ins Bild. Der Ort liegt direkt unterhalb und ist an der Kirche im Zentrum zu erkennen. Am Hang steht ein dichter Tannenwald. Die Hügel im Hintergrund sind dichter an den Ort gerückt und erscheinen höher als beim vorherigen Prospekt von 1910 (*Sw 1*); man erkennt deutlich einzelne Bäume. Rechts im Bild ist ein erstes Anzeichen für Historisierung zu sehen. Wie ein Denkmal wurde eine (Holz?)Figur auf einen Baumstumpf gestellt. Es handelt sich um einen Uhrenträger mit einer *Uhrenkrätze* auf dem Rücken. Laut Herrn Vogelbacher zogen solche Händler mit den Schwarzwälder Lackschilduhren im 18. Jahrhundert durch das Land. Die Figur schaut (sehnsuchtsvoll) in die Ferne über die gegenüberliegenden Hügel hinweg. Der Blick der Frau geht in die entgegengesetzte Richtung, allerdings nicht direkt in die Augen des Betrachters, sondern leicht nach oben.

2. Einzelfallanalyse: Der Prospekt *Sw 3* (1939)

Für den gesamten Schwarzwald kann die einzige vom Tourismusverband Schwarzwald archivierte Imagebroschüre aus der Vorkriegszeit interpretiert werden: *Sw 3* aus dem Jahre 1939. Das Titelbild des 20seitigen quadratischen Heftes *Sw 3* (ca. 19x19 cm) ähnelt vom Aufbau her sehr dem vorherigen (*Sw 2*). Es zeigt ein selbstbewusstes „Schwarzwaldmädel" in Tracht. Der Prospekt wurde vom Landesfremdenverkehrsverband Baden speziell für den Schwarzwald herausgegeben. Bereits 1939 hatte man erkannt, dass der rote Bollenhut ein starkes und aussagekräftiges Zeichen des gesamten

Raumes darstellen kann (siehe Abb. 20). Größe, Form und Farbe des Hutes sind sehr einprägsam; ein echter *eye-catcher* in der Realität wie auf dem Papier. Außerdem bilden die großen roten Bollen einen guten Kontrast zu der charakteristischen dunkelgrünen Waldlandschaft im Hintergrund. Passend dazu wiederholt sich das Rot im Schriftzug „Schwarzwald"; das Wort „Baden" darüber ist blau geschrieben.

Abbildung 20: Titelseite des Prospekts *Sw 3* (1939)

Quelle: Archiv des Schwarzwald-Tourismusverbandes Freiburg i. Br., 2002

Die Waldlandschaft erscheint hier im Hintergrund in Form von leicht verschwommenen Hügeln fast dunkelblau. Im Mittelgrund öffnet sich ein idyllisches Tal mit einer hellgrünen Wiese, auf der schemenhaft vereinzelte Höfe in der für die Region typischen Bauweise angedeutet sind. Davor erstreckt sich quer über das Bild ein dichter dunkelgrüner Tannenwald. Der Himmel ist leicht bewölkt.

Es ist schwer zu sagen, ob es sich um ein koloriertes Foto oder um ein sehr realistisches Gemälde handelt. Die junge Frau ist das dominante Element des Bildes – sie nimmt fast die ganze linke Hälfte der Seite ein und ist im Gegensatz zum Hintergrund sehr scharf gezeichnet. Sie posiert sehr stolz; dies signalisieren die vor dem Bauch verschränkten Arme – eine starke Frau, die zupacken kann, fest im Leben steht und auch traditionell fest verwurzelt ist. Die roten Wangen und die rosige Haut zeugen von strotzender Gesundheit, ebenso die leuchtend weißen Zähne. Das ganze Gesicht strahlt. Allerdings fällt ihr Blick nicht auf den Betrachter des Bildes, sondern geht verklärt leicht nach rechts oben gen Himmel. Sie schwebt gewissermaßen über den Dingen, überzeugt davon, dass es keinen schöneren Platz auf der Welt geben kann, als den Schwarzwald

– ihre Heimat. Der Bildaufbau ist sehr gut gelöst, er entspricht im Grunde den Anforderungen von KROEBER-RIEL (s. 4.3.3 – Imagerystrategien). Man blickt zuerst auf die Frau, folgt ihren Augen nach rechts oben; dort erscheint der Name des „Produktes": „Schwarzwald Baden", dann schweift man über die idyllische Landschaft nach unten zur Sachinformation. Unten rechts im Bild befindet sich ein leeres weißes Feld, das für den Stempel der jeweiligen Gemeinde vorgesehen ist, die den Prospekt überreicht. Das Bild ist nicht überladen, sondern sehr eingängig und logisch – rund.

Inhaltlich ist der Prospekt von 1939 sehr ähnlich wie die Imagebroschüre des Schwarzwaldes von 2001 aufgebaut (vgl. *Sw 21*), nämlich nach den jahreszeitlichen Höhepunkten und Attraktionen des Schwarzwalds. Eine weitere, für heutige Begriffe „moderne" Strategie ist der Einsatz von vielen großen und ansprechenden Bildern. Im Inneren des Prospekts sind zahlreiche sehr große Schwarzweißfotos zu sehen, die an einzelnen Stellen aufwendig nachkoloriert sind. In dem atmosphärischen und schön gestalteten Text in Frakturschrift finden sich wider Erwarten fast keine ideologischen Bemerkungen. Den einzigen Hinweis auf den Erscheinungszeitraum „Drittes Reich" liefert folgendes Zitat, welches man u.U. als nationalsozialistische Parole interpretieren könnte: „In den Luftkurorten und Sommerfrischen herrscht reges Leben: Von überall her kommen ihre Gäste, über die Straßen des Führers ..." (*Sw 3*, S. 6). Tatsächlich werden überwiegend die Motive, Emotionen und Bedürfnisse der potenziellen Gäste angesprochen, welche kommen um „Kraft und Gesundheit zu suchen. Sie wollen die Romantik alter Ritterburgen und Fürstenschlösser erleben, auf kühnen Gebirgsbahnen durch trauliche Täler zu sonnigen Berghöhen fahren ... und sich an malerischen Trachten und Häusern erfreuen" (*Sw 3*, S. 6). Die Wortwahl unterscheidet sich kaum von heutigen Prospekten, sie ist teilweise recht poetisch, aber weniger überladen als die Sprache der vorhergehenden Prospekte (vgl. „Reihe der 20er Jahre"). Im Gegensatz zu den Broschüren des Thüringer Waldes aus der gleichen Zeit finden sich im Text keinerlei Anspielungen auf die betonte „Schaffenskraft", die der Urlauber während seiner Sommerfrische zu schöpfen hat (vgl. *Tw 6*). Auch auf heimische Traditionen wird kaum Bezug genommen; es überwiegen malerische Naturbeschreibungen.

Andere Töne schlägt das „Karlsruher Tagblatt" in einer Sonderausgabe an (vgl. Karlsruher Tagblatt, o.J.). Es handelt sich um eine Werbeschrift mit Gastgeberverzeichnis, bestehend aus Annoncen von Schwarzwälder Hotels, Kurhäusern und Restaurants mit 20 Seiten im DINA4-Querformat. Im einleitenden Aufsatz „Schwarzwaldfahrt" heißt es in Frakturschrift: „Wenige Flecke deutscher Erde sind reicher an Erinnerungen deutscher Kultur, deutscher Kunst und deutscher Sage und Geschichte, wie der Schwarzwald." Dies erinnert an Trinius' Beschreibung des Thüringer Waldes im Thüringer Kurs- und Verkehrsbuch von 1911 (siehe 6.1 – Erste Bilder) kann aber dennoch und zweifellos als Beweis für nationalistische Heimat- und Landschaftsverklärung hergenommen werden. Die bekannten und bis heute verbreiteten Klischees der Region (siehe 2.4 – Der imaginäre Schwarzwald) werden bereits in den 1930er Jahren mit einem Satz auf die Spitze getrieben. So heißt es bei der weiteren blumigen Beschreibung im Karlsruher Tagblatt „... droben auf einsam-friedvoller Hochlandschaft oder in der versteckten Talnische alte, niedliche schindel- und strohbedeckte Höfe, in denen trachtengeschmückte, gemütvolle und biedere Bauern leben und Zeugnis geben von nie erlöschender, altangestammter kerniger Alemannenart: Alles das zusammen, das ist der echte heimelige Schwarzwald!" (vgl. Karlsruher Tagblatt, o.J.) Keine Frage: Nicht nur wer hier lebt, sondern auch wer hier Urlaub macht, der ist mit Leib und Seele Deutscher.

6.2.2 Bilder des Thüringer Waldes

Im Jahre 1935 wurde der örtliche Verkehrsverein Finsterbergens in „Kurverwaltung" umbenannt, die bis heute zusammen mit der Tourist-Information die Belange des Fremdenverkehrs in der Gemeinde gestaltet. 1938 feierte der Ort bereits sein 50jähriges Jubiläum als Kurort; im gleichen Jahr wurde auch die bis dahin höchste Übernachtungszahl erreicht (siehe Tab. 8).

Tabelle 8: Entwicklung des Fremdenverkehrs in Finsterbergen in den 30er Jahren

Jahr	Gäste	Übernachtungen
1932	5.300	70.000
1935	5.300	73.500
1937	6.900	102.000
1938	8.000	120.000

Quelle: Eigene Darstellung in Anlehnung an Finsterberger Zeitung 302/1938, S. 5

Die Finsterberger Zeitung führte die rasante Entwicklung des Fremdenverkehrs ganz selbstverständlich auf die Machtübernahme Adolf Hitlers zurück. Der Kurverkehr ist für Finsterbergen eine „Lebensfrage" geworden. Im Heimatmuseum Finsterbergen waren zwei Broschüren der NS-Zeit erhalten, die dem Schwarzwald-Heft *Sw 3* verblüffend ähnlich sind: die Prospekte *Tw 5* und *Tw 6*.

1. Einzelfallanalyse: Der Prospekt *Tw 5* (1937)

Der acht Seiten schlanke Prospekt erschien 1937 in quadratischem Format (etwa 19x19 cm). Er zeigt auf der Titelseite rechts unter einer Fichte auf einem Stein sitzend ein junges (braunhaariges) Mädchen in Tracht (siehe Abb. 21). Ihr Rock ist grün, die Schürze hellblau, die Haube schwarz, die Weste ist in den Farben grün, gelb und rot gehalten; die Bluse ist weiß und die Schuhe sind braun. Sie schaut weder den Betrachter des Bildes an, noch schweift ihr Blick über das Panorama; sie blickt fröhlich lächelnd, aber unbestimmt, irgendwo nach links. Dadurch wirkt sie etwas abwesend und wie eine steife Puppe. Das farbige Panorama wirkt allerdings weniger emotionsgeladen, sondern eher informativ, denn es dient gleichzeitig als Orientierungskarte und ist – in leicht kindlicher Weise – so gezeichnet, dass der Ort in zweidimensionaler Aufsicht erscheint. Die Karte ist mit Straßennamen (die vordere heißt Adolf-Hitler-Straße) und Hausnummern versehen. Im Hintergrund erheben sich, nun wieder dreidimensional, die, teilweise beschrifteten, Berge (u.a. der Große Inselsberg). Der Ort wird von Nadelbäumen umrahmt.

Abbildung 21: Titelseite des Prospekts *Tw 5* (1937)

Quelle: Heimatmuseum Finsterbergen, 2002

Insgesamt wirkt das Titelbild recht fröhlich und bunt, da die Dächer der Häuser abwechselnd blau und rot sind. Die umgebenden Wiesen und Felder sind gelb bis hellgrün, die Bäume dunkelgrün; hinzu kommt die bunte Tracht des Mädchens. In blauer Frakturschrift erscheint links oben der Name des Luftkurortes und seine geografische (Höhen)Lage. Der Prospekt beinhaltet einige Schwarzweißfotos und beschreibenden Text. Inhaltlich entspricht er mit seiner blumigen Sprache eher der „Reihe der 20er Jahre" (vgl. *Tw 2*, *Tw 3* und *Tw 4*). Er enthält auch medizinische Informationen. Im Vordergrund steht dabei immer (noch) die Landschaft als Gebirge mit frischer Luft, weniger als traditionsreiche *Heimat*. Es sind auch kaum nationalsozialistisch-verherrlichende Parolen zu lesen. Dies ändert sich in der zwei Jahre später folgenden Auflage (1939/40).

2. Einzelfallanalyse: Der Prospekt *Tw 6* (1939/40)

Die Titelseite ist sehr ähnlich aufgebaut wie die vorhergehende. Eine Frau in Tracht steht – jetzt links – vor dem gleichen Ortspanorama (siehe Abb. 22). Wesentlicher Unterschied ist die Haarfarbe: Leuchtend blonde Locken schauen unter der schwarzen Haube hervor. Abgesehen von der Schürze (rot) ist die Tracht mit der von *Tw 5* nahezu identisch. Die Frau blickt den Betrachter des Bildes direkt und freundlich lächelnd an: „Schau her, hier bin ich zu Hause". Stolz stützt sie die Hand in die Hüfte – eine starke Frau. Das Ortsbild ist hier wieder in normaler Schrägperspektive und ohne Orientierungsangaben gezeichnet. Am Horizont liegen die gleichmäßig geschwungenen, dunkelgrünen Hügel des Thüringer Waldes. Von beiden Seiten wird das Bild mit je einer dunklen Tanne abgeschlossen. Der Bildaufbau wie auch die Gesamtaussage erinnern sehr an den Schwarzwaldprospekt *Sw 3*, was als weiterer Hinweis auf die „einheitlichen Richtlinien des Führers im deutschen Fremdenverkehr" und die Gleichschaltung der Medien gelten kann.

Abbildung 22: Titelseite des Prospekts *Tw 6* (1939)

Quelle: Heimatmuseum Finsterbergen, 2002

Der Ortsname „Luftkurort Finsterbergen" erscheint gleich zweimal in hellblauer Frakturschrift oberhalb im Bild – die Farbe mag symbolisch für die sommerfrische, gesunde Luft stehen. „Thüringer Wald" ist rechts unten im Bild in roter Schreibschrift zu lesen. Beide Schriftzüge fügen sich harmonisch in das Bild ein. Im Inneren des Heftes finden sich gleich auf der ersten Seite zahlreiche Hinweise auf die Bedeutung der Landschaft als *Heimat deutschen Volkes*. Die Betonung liegt auf der Traditionsverbundenheit der Einwohner, die ihre Trachten, Bräuche, Volksmusik und -kunst zu pflegen verstehen: „Von aufgeschlossener Gastlichkeit sind seine [Finsterbergens, Anm. d. Autorin] Bewohner, verständnisvoll und anpassungsfähig gegenüber dem ‚Neuen', hüten und pflegen sie mit großer Liebe und Treue ihre alten Überlieferungen in Musik und Gesang, Sitten und Bräuche und besonders die Eigenart ihrer kleidsamen, farbenprächtigen Volkstrachten" (*Tw* 6, S. 1). Letztere werden auf den folgenden Seiten ausführlicher beschrieben, ebenso wie Finsterbergens „jahrhundertealte kultische Stätte", die „Winfriedsleuchte" (welche in keinem der vorigen oder nachfolgenden Prospekte auch nur erwähnt wird).

Die Schwarzweißfotos zeigen Einheimische in Tracht oder Urlauber. Vor allem geht es dem Gast darum (bzw. sollte es ihm darum gehen?), „neue Schaffenskraft" zu erwerben. Man sieht ihn bei verschiedenen sportlichen Aktivitäten (Schwimmen oder Skifahren). Beides unterschwellige Propaganda gemäß dem Motto „Stählt Euren Körper", „Gewinnt Kraft durch Freude" für den bevorstehenden Krieg? Der Text ist allerdings auch von den üblichen romantisierenden Landschaftsbeschreibungen durchsetzt, und unter den Abbildungen finden sich auch ästhetische Naturaufnahmen aus verschiedenen Jahreszeiten, die den ideologischen Charakter der Broschüre zu relativieren vermögen. Dennoch ist die Auflage von 1939 insgesamt wesentlich stärker reichspropagandistisch „angehaucht" als die vorherige, *Tw* 5, wenngleich die Anspielungen eher indirekt bzw. subtil und am deutlichsten noch aus den Texten hervorgehen. Abbildungen von Einheimischen in Tracht kennzeichnen durchweg alle Imagebroschüren bis in die Gegenwart hinein.

6.3 Die 50er und 60er Jahre: Beginn des Massentourismus (nur Schwarzwald)

Nach dem allgemeinen Wiederaufbau wurde das statistische Vorkriegsniveau im Tourismus relativ schnell wieder erreicht. Man orientierte sich in vielfacher Hinsicht an den Modalitäten der Vorkriegszeit. Dies kommt u. a. im Prospektmaterial zum Ausdruck, dessen identische Gestaltung Mitte der 30er Jahre und Anfang der 50er Jahre auch SCHILDT (1996, S. 69-71) auffiel. Außerdem versuchte man, die bereits vor 1933 bestehenden eigenverantwortlichen Landesverkehrsverbände als freie Zusammenschlüsse örtlicher Verkehrsvereine und Verkehrsämter wiederherzustellen. Sie kümmerten sich fortan um die Wiederbelebung des Tourismus (vgl. WILDE 1996, S. 95 f.). Der Fremdenverkehr entwickelte sich sogar rascher als die übrige Wirtschaft. Mit steigendem Wohlstand brach im Wirtschaftswunderland Deutschland in den 60er Jahren die Zeit des modernen Massentourismus an (vgl. SCHILDT 1996, S. 73-81). Die Werbung setzte nun häufig auf das Begriffspaar „Tradition und Moderne".

Bis zum Beginn der 70er Jahre wurde der Schwarzwald mit dem Bodensee gemeinsam in einer Broschüre vermarktet, die der Badische Fremdenverkehrsverband e. V. in Freiburg i. Br. und der Landesfremdenverkehrsverband Württemberg in Stuttgart herausgaben. Im Vergleich mit 1938, als dem Schwarzwald eine eigenständige Broschüre gewidmet war, könnte man dies als Rückschritt bezeichnen, denn sicher war dies für beide Regionen mit vielen Kompromissen verbunden – unterschiedlicher können Urlaubslandschaften kaum sein, auch in Bezug auf die Zielgruppe.

1. Gebündelte Einzelfallanalyse: Die 50er und 60er Jahre (Die Prospekte *Sw 4*, *Sw 5*, *Sw 6*, *Sw 7*)

Die Nachkriegszeit ist durch ein relativ uneinheitliches Bild gekennzeichnet. Man könnte meinen, die Werbung steckte erneut in einer Art „Experimentierphase". Der Stil der Titelbilder und auch der zeitliche Abstand zwischen den Auflagen variiert noch recht stark (siehe Abb. 23-26). Das Prospekt*format* bleibt jedoch für alle konstant: quadratisch mit Maßen von ca. 19x19 cm. Auch inhaltlich ähneln die Hefte einander. Vielleicht aus Sparzwängen heraus, beschränkte man sich auf bescheidene zwölf bis 20 Seiten (für Schwarzwald und Bodensee zusammen), die zahlreiche, überwiegend Schwarzweiß-Fotos enthalten. Der allgemeine Text ist wesentlich sachlicher gehalten als bei den vorigen Prospekten und erinnert eher an Reiseführerbeschreibungen. Man teilt dem Gast überwiegend praktische Informationen mit.

Insgesamt waren im Freiburger Archiv vier allgemeine Imagebroschüren für die Nachkriegszeit bis 1970 zu finden. Die Bilder dieser Epoche (*Sw 4*, *Sw 5*, *Sw 6* und *Sw 7*) sollen wiederum als „Reihe" interpretiert werden. Bei drei Heften (*Sw 4*, *Sw 6* und *Sw 7*) teilen sich Schwarzwald und Bodensee die Titelseite; bei der Broschüre *Sw 5* wurde der Bodensee auf die Rückseite verdrängt. Auf allen Broschüren ist jede der beiden Regionen mit je einem Motiv präsent. Mal handelt es sich um einfache farbige Strichgrafiken (bei *Sw 4* und *Sw 6*), mal um farbige Fotografien (*Sw 6* und *Sw 7*). Den Schwarzwald soll i. d. R. die dunkle Tanne repräsentieren; für den Bodensee steht immer ein weißes Segelboot auf blauem See. Beides sind dreieckige Motive, mit denen sich abwechslungsreich spielen lässt. Auf den Innenseiten (Bild und Text) dominiert durchweg der Schwarzwald – wiederum ein Zeichen für die Profilstärke des Mittelgebirges (siehe 4.1.1 – Zur Profilierung inszenierter Urlaubsräume). Ein interessantes Schwarzwaldmotiv zeigt die Titelseite von *Sw 5* von 1955. Es soll exemplarisch für die Epoche vor dem Einsatz des Massentourismus herausgegriffen und genauer interpretiert werden.

Abbildungen 23-26: „Die 50er und 60er Jahre": Titelseiten der Prospekte *Sw 4* (1954), *Sw 5* (1955), *Sw 6* (1960), *Sw 7* (1962)

Quelle: Archiv des Schwarzwald-Tourismusverbandes Freiburg i. Br., 2002

2. Einzelfallanalyse: Der Prospekt *Sw 5* (1955)

Das Farbfoto ist dem von 1939 recht ähnlich, denn es zeigt ebenfalls eine in regionale Tracht gekleidete Frau, die von einem höher gelegenen Standpunkt aus ihre Heimat präsentiert (siehe Abb. 27). Unter ihr liegen drei einzelne Höfe, die teilweise verdeckt in ein Tal eingebettet sind. Die Häuser sind anhand des tiefen Daches als typische Schwarzwaldhäuser identifizierbar. Dennoch wirken sie nicht unbedingt „historisierend" oder „musealisierend", sondern sind relativ alt und schlicht, was sie „natürlich" und dadurch „glaubwürdiger" erscheinen lässt, als dies bei anderen Werbebroschüren der Fall ist. Das Tal ist von einer hellgrünen Wiese bedeckt und steigt nach hinten zum Waldrand leicht an; vereinzelt stehen kleine Tannen darauf. Insgesamt wirkt das Foto etwas blass, (was auch druckbedingt sein kann).

Die Bilder der Werbung im tourismushistorischen Kontext ───────────── 107

Wenden wir uns aber der Person zu, die fast die ganze rechte Bildhälfte einnimmt. Im Vergleich zu der Frau von *Sw 3* ist diese hier älter, wie u. a. ihre Kopfbedeckung verrät: Sie trägt keinen roten Bollenhut, sondern ein schwarzes Kopftuch, dazu eine weiße Bluse mit Puffärmeln; Rock und Weste sind schwarz und mit bunten Stickereien versehen. An der Weste steckt eine rote Blume. Ihr Gesicht lächelt dem Bildbetrachter freundlich und ehrlich zu: „Hier ist die Welt noch in Ordnung" – keine Spur von Zersiedelung, Flüchtlingslagern oder moderner Industrialisierung, würde man angesichts der Entwicklungen und Probleme dieser Zeit denken.

Abbildung 27: Titelseite des Prospekts *Sw 5* (1955)

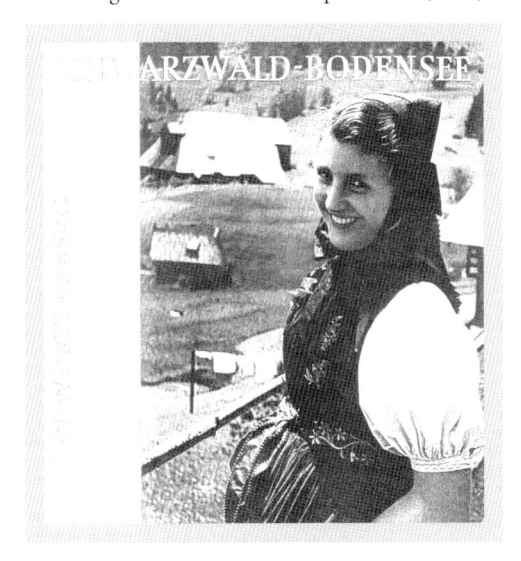

Quelle: Archiv des Schwarzwald-
Tourismusverbandes
Freiburg i. Br., 2002

Mitte der 50er Jahre bildet die Werbung weniger künstlich inszenierte als vielmehr reale Alltagsszenen ab. Dieses Foto könnte von einem Hobby-Fotografen stammen, der am Sonntag unterwegs spontan eine Bekannte in Tracht getroffen hat. Wir haben hier eine liebevolle, ungeschminkte Gastgeberin vor uns, die in der Tat eher als „gute Hausfrau" durchgeht, welche die heimischen Traditionen pflegt, die regionalen Kochkünste beherrscht und die Wäsche wäscht (letztere ist direkt unter dem Zaun, an dem die Frau lehnt, zum Trocknen aufgehängt). Hier entsteht das Bild vom heimeligen, traditionell-patriarchalisch geprägten Schwarzwald, wie es von den Heimatfilmen der 50er Jahre bis hin zur Schwarzwaldklinik der 80er Jahre über das Fernsehen vermittelt wurde (siehe auch 2.4 – Der imaginäre Schwarzwald). Solch allgemeine gesellschaftliche Strukturen spiegeln sich in allen Medien, wie auch in den Werbebroschüren wider.

6.4 Die 70er und 80er Jahre: Professionalisierung der Werbung (nur Schwarzwald)

„Der Beginn der jüngsten Phase, in der der Natur besonders ästhetische und romantische Aufmerksamkeit zukommt, fällt zeitlich in die 1970er Jahre und damit in die Anfänge des Massentourismus, dem die Sehnsucht nach authentischem Naturerleben folgt" (SCHRUTKA-RECHTENSTAMM 2001, S. 26). Mit der Vermassung des Reisekonsums zeichneten sich in den 70er Jahren gewisse Probleme in der Reisewerbung ab: „Was fehlt der Fremdenverkehrswerbung, dass sie immer uniformer, immer belangloser und wirkungsloser wird?" fragte BRANDT (in: StfT 1973, S. 65). Er zeigte die Probleme exemplarisch anhand von Reiseunternehmen auf und forderte ein neues Marketing. Zu viele bedienten nach wie vor die Stereotypen „Sommer, Sonne, Fröhlichkeit". „Ein Teil der Touristikbranche – vor allem Reiseveranstalter und Hotelgesellschaften – hat mittlerweile eine Witterung dafür, dass man mit den Klischees nicht weiterkommt" (ebd., S. 69).

Das Jahr 1974 kann für den Schwarzwald als Beginn einer neuen Werbeepoche betrachtet werden. „In den frühen 70er Jahren versuchte man eine Neuorganisation der Tourismusorganisationen im Lande Baden-Württemberg" (Schwarzwald-Tourismusverband e. V. 1998, S. 11). Bereits 1970 machte sich der Bodensee-Verband selbständig, und ab 1974 gibt auch der „Fremdenverkehrsverband Schwarzwald e. V." jährlich ein eigenes „Ferienmagazin" heraus, welches größer als die vorherigen Prospekte ist. Der Umfang beläuft sich auf 30 bis 112 Seiten, wobei teilweise ein tabellarisches Gastgeberverzeichnis enthalten ist. Inhaltlich sind die Hefte im DINA4-Format alle recht ähnlich aufgebaut, wobei die Anzahl der Bilder v. a. ab 1978 sprunghaft ansteigt.

Für die Titelbilder von 1974 bis 1985 sind zwei wesentliche Kriterien kennzeichnend: Es sind nie Menschen zu sehen, nicht einmal schemenhaft in der Ferne; das Hauptmotiv ist (bis auf eine einzige Ausnahme) das Schwarzwaldhaus, meist in Großaufnahme, manchmal auch von einem etwas entfernteren Standpunkt aus gesehen, immer aber eindeutig identifizierbar. Im Hintergrund erstreckt sich bis zum Horizont stets eine grüne hügelige Waldlandschaft. Einzige Ausnahme bildet das Magazin von 1978: Hier schmückt eine Landschaftsaufnahme ohne Gebäude die Titelseite.

Ein weiteres Grundmerkmal der Schwarzwald-Titelseiten ist der durchgängige Einsatz eines einzigen großen Bildes, niemals aber eine bunte Collage aus vielen kleinen Bildern, wie es heute in der Tourismusbranche häufig vorkommt. Hier legt man sich durchweg auf *eine* klare Aussage fest. Das Motiv des Schwarzwaldhauses zieht sich durch die gesamte „Epoche", einzelne Bilder wurden auch mehrmals verwendet (etwa 1975 und 1977 sowie 1983 und 1984). Zumeist ist es als abgelegenes und

Die Bilder der Werbung im tourismushistorischen Kontext ⎯⎯⎯⎯⎯⎯⎯⎯ 109

isoliertes Haus in idyllischer Lage mit einer Panorama-Aussicht auf das Waldgebirge zu sehen. Oder es liegt, leicht versteckt, in ein Seitental eingebettet. Immer ist es von hohen Tannen (oder Fichten) umringt. Menschen oder Straßen sind nie zu sehen; auch andere Zeichen moderner Zivilisation wie Strommasten sind rar. Es handelt sich durchweg um dem *tourist gaze* entsprechende Aufnahmen. Bezeichnend ist, dass alle Aufnahmen aus dem späten Frühjahr und Sommer stammen, der Hauptsaison der Region (die Obstbäume blühen, die Wiesen sind saftig hellgrün), nie ist auf den Titelseiten Winter. Die fast ausschließlich farbigen Fotos nehmen zu Anfang etwas mehr als die Hälfte der Titelseite ein und erstrecken sich später über die ganze Seite. So lassen sich die Bilder dieser Epoche wiederum vereinfachend in einer „Reihe" interpretieren. Vom „Schwarzwaldhaus-Kanon" seien aus Platzgründen nur einige abgebildet (siehe Abb. 28-32).

Abbildungen 28-32: „Architekturkanon Schwarzwaldhaus", Titelseiten der Prospekte
Sw 8 (1974), *Sw 9* (1975), *Sw 10* (1980), *Sw 11* (1984), *Sw 12* (1985)

Quelle:
Archiv des Schwarzwald-Tourismusverbandes
Freiburg i. Br., 2002

Das Schwarzwaldhaus wurde bereits in Kapitel 1.3.3 (Der imaginäre Schwarzwald) beschrieben. Wie lässt sich nun seine absolute Häufigkeit als Titelmotiv in der Werbung erklären? Einzigartige Architektur ist *das* dominante Merkmal einer Landschaft (vgl. auch Interview 1, Frage 4). Sie kann ein Gefühl von Heimeligkeit vermitteln. Diese entsteht hier vielleicht durch das besonders tief heruntergezogene Dach, welches einen leicht verschlafenen und in besonderem Maße Schutz spendenden Eindruck vermittelt. Die Holzverkleidung verströmt zusätzlich „Wärme" und Geborgenheit. Die breiten, oft mit leuchtend roten Geranien geschmückten Balkone wirken sehr einladend. Die Blumen bilden außerdem einen angenehmen Kontrast zu den dunkelgrünen Wäldern.

So verkörpert die traditionelle Architektur eines der Hauptklischees des Schwarzwaldes: die *Gemütlichkeit*. Sie wird über zwölf Jahre (von 1974 bis 1985) bewusst von der Werbung genutzt und reproduziert. Das Schwarzwaldhaus ist im Grunde *das USP* der Region, denn es gibt – abgesehen vom Europapark Rust – keine *einzelne* überregional bekannte Sehenswürdigkeit bzw. Attraktion, die bspw. mit dem Schloss Neuschwanstein im Allgäu, dem Brandenburger Tor in Berlin oder aber der Wartburg im Thüringer Wald vergleichbar und damit für eine Titelseite prädestiniert wäre.

Aufgrund der unberührten, natürlichen Umgebung, in der die Häuser stehen, vermitteln die Bilder einem potenziellen Gast die Idylle und Ruhe, die er im Urlaub zu finden hofft. Für Kurgäste und Wanderer ist diese Kulturlandschaft ein Paradies. Die Häuser erscheinen zum Teil schon sehr alt. Mal ist das Dach leicht beschädigt, mal der Zaun; oder der Garten davor ist leicht verwildert. Dadurch wird eine überaus romantische und noch nicht museal-inszenierte, sondern durchaus natürliche, glaubwürdige und authentische Atmosphäre erzeugt. Man fühlt sich als Betrachter um 100 Jahre zurückversetzt. Mit dem Image der Unberührtheit, Gemütlichkeit und weltfernen Ruhe wirbt man strategisch über zehn Jahre für den Schwarzwald. Ab 1976 erscheint neben dem Schriftzug „Schwarzwald" fast durchgängig der Slogan „Ferien Kur Freizeit" auf der Titelseite. Die Zielgruppenansprache (wohl Familien mit Schulkindern und Kurgästen) ist dennoch sehr allgemein.

Eine Besonderheit stellen die Titelseiten von 1980 bis 1983 dar. Hier befindet sich keine naturalistische, sondern eine grafisch abstrahierte Zeichnung auf einem einheitlich grünen Hintergrund: Erstmalig erfand man für den Schwarzwald ein *Logo*. Dieses setzt sich scherenschnittartig aus einem großen Schwarzwaldhaus mit drei dahinter stehenden Tannen, rechts davon einer Weintraube und davor einem fließenden Gewässer in Form einer gewellten Linie – höchstwahrscheinlich der Rhein – zusammen. 1980 (*Sw 10*) und 1981 ist es leuchtend gelb, 1982 blassgrün, jeweils mit dem weißen Schriftzug „Schwarzwald" darüber. Offensichtlich möchte man die Vielfalt der Region betonen und unter einen Hut bringen, was im Sinne Kerns nicht unbedingt einer erfolgreichen Profilierung entspricht (siehe 4.1.2 – Profilierung inszenierter Mittelgebirge).

Insgesamt gesehen deutet die systematische Wiederholung der Titelbilder auf den Versuch eines bewussten Imageaufbaus im Schwarzwald hin. Man sucht nach geeigneten *USP* und entdeckt das profilstarke Schwarzwaldhaus. So kann man für die 70er und frühen 80er Jahre von einer Professionalisierung des Schwarzwald-Marketing sprechen.

6.5 Bilder der DDR-Zeit: „Es lebe der Sozialismus!" (nur Thüringer Wald)

Für die Bilder der DDR-Zeit sollen einführend einige Zahlen die nahezu stetige und rasante Entwicklung der Urlauberzahlen in Finsterbergen verdeutlichen: 1938 – 8.000 Ankünfte, 1955 – 12.800, 1960 – 22.674, 1976 – 27.711 und 1986 – 30.455 Ankünfte (vgl. Katzung/Bischof 1991, S. 19). Dies ist u. a. auf die Aktivitäten des FDGB (Freier Deutscher Gewerkschaftsbund) zurückzuführen, der bereits 1947 einen Feriendienst einrichtete, der allen Mitgliedern und deren Familienangehörigen einen erschwinglichen Urlaub ermöglichen sollte. Häufig übernahm der FDGB ehemalige Ferienheime und enteignete zahlreiche private Beherbergungsbetriebe. Die Urlaubsplätze wurden von den Betrieben vergeben und waren sehr begehrt. Die Mindesturlaubsdauer war wie in der BRD zunächst auf etwa zwölf Tage pro Jahr festgelegt und wurde dann etwas langsamer als in der BRD auf drei bis vier Wochen erhöht (vgl. Spode 1996, S. 16, 30).

1967 kam es zu tourismusrelevanten außen- und sozialpolitischen Veränderungen. Die Wochenarbeitszeit wurde gesenkt, der Mindesturlaub erhöht, eine familienfreundlichere Ferienregelung verabschiedet, der Samstag als Arbeitstag abgeschafft und Privatreisen ins sozialistische Ausland vereinfacht. Die höheren Löhne brachten auch einen Anstieg des allgemeinen Lebensstandards mit sich, verbunden mit der Erhöhung der Motorisierung, des Individualverkehrs und somit auch der Mobilität und Reiseintensität (vgl. Fuhrmann 1996, S. 35-38). Wie in der BRD setzte auch hier (etwas verzögert) ein Massentourismus ein, welcher von der Regierung als herausragendes Symbol für Modernisierung, Wohlstand und sozialistische Lebensqualität interpretiert wurde (vgl. Irmscher 1996, S. 51). Nach dem IX. Parteitag von 1976 kam es zu einer weiteren Umgestaltung der Sozialpolitik, die neben Renten- und Lohnerhöhungen auch Arbeitszeitverkürzungen und Urlaubsverlängerungen beinhaltete (vgl. Wolle 1999, S. 49).

Während des 40jährigen Bestehens der DDR wurde für Finsterbergen eine Reihe von Prospekten aufgelegt, die einige Gemeinsamkeiten aufweisen, aber auch Veränderungen durchlaufen haben; ausgewählt wurden die folgenden Prospekte:

1. Einzelfallanalyse: Der Prospekt *Tw 7* (1963)

Bei der Ersteindrucksanalyse des zwölfseitigen Prospekts *Tw 7* fällt die frappierende Ähnlichkeit bzgl. Titelmotiv, Format, Aufbau sowie (Bild- und Text)Inhalt mit jenen Heften von 1939 (*Tw 6* und *Sw 3*) auf. Er stammt erstaunlicherweise aus dem Jahre 1963. Der Text wurde teilweise wortwörtlich von *Tw 6* übernommen. Finsterbergen versteht sich in den 1960er Jahren immer noch bzw. wieder als „Quell neuer Schaffenskraft" (nun wohl eher für den Aufbau des Sozialismus). Zeichenstil, Schrift und Farbgebung des Titelbildes sind nahezu identisch mit *Tw 6*. Die Darstellung der Frau wurde etwas abgewandelt. Sie erscheint etwas jünger, naiver, fröhlicher und auch etwas „runder" (siehe Abb. 33). Die leuchtend roten Wangen deuten auf die gesunde und klare Luft in Finsterbergen bzw. im Thüringer Wald hin (oder aber unterschwellig auf sozialistisches Wohlergehen?). Die junge Frau zupft ein Lied auf einer Wandergitarre, will offensichtlich zum Mitwandern und -singen animieren. Nach heutigem Verständnis ist diese Darstellung eine gekonnte und originelle Zielgruppenansprache. Wider Erwarten tritt das Mädchen nicht in blauer FDJ-Bluse, sondern in der farbenfrohen alten Tracht auf. Ist diese (schamlose) Kopie Hinweis auf die Unbedeutsamkeit diktatorischer Ideologien für die Tourismuswerbung? Oder aber gerade Indiz für eine weitere Parallele von DDR- und NS-Regime?

Abbildung 33: Titelseite des Prospekts *Tw 7* (1963)

Quelle: Heimatmuseum Finsterbergen, 2002

Zum Inhalt der quadratischen (19x19 cm) Broschüre: Neben gewöhnlichen Werbefloskeln über den sagenumwobenen Rennsteig und die Schönheit des Thüringer Waldes finden sich gleich auf der ersten Innenseite sozialistische Lobpreisungen: „Dank der Initiative unserer demokratischen Regierung, die sich mit allen Mitteln für das Wohl und die Gesunderhaltung aller Werktätigen einsetzt, ist es ein Erholungsort für alle schaffenden Menschen" (*Tw 7*, S. 2). Der Arbeiter- und Bauernstaat inszeniert sich als Schöpfer und missbraucht (auf heute lächerliche Art und Weise) den Erfolg eines landschaftlich reizvoll gelegenen Kurortes für seine Propaganda. Man huldigt sich viel direkter noch als in den 30er Jahren: „Tausende von Urlaubern finden durch den Feriendienst der Gewerkschaften und der SVA [Sozialversicherungsanstalt, Anm. der Autorin] in Finsterbergen Erholung und Gesundung" (*Tw 7*, S. 1). Die Schwarzweißfotografien im Heft zeigen überwiegend Naturaufnahmen bzw. Ortsszenen und Menschen im Freibad oder beim Skifahren. Insgesamt ist der Prospekt eine bizarre Mischung aus Werbung für die landschaftliche Schönheit des Thüringer Waldes und sozialistischer Selbstverherrlichung.

2. Einzelfallanalyse: Der Prospekt *Tw 8* (1979)

Der ebenfalls quadratische Prospekt (19x19 cm) à zwölf Seiten erschien im Jahre 1979 und wurde in der damaligen Bezirkshauptstadt Erfurt gestaltet (DEWAG). Er enthält mehr, größere und erstmals auch farbige Fotos. Die Ersteindrucksanalyse der Titelseite zeigt: Eine Familie genießt die Aussicht auf den Ort (siehe Abb. 34). Es handelt sich wieder um das bekannte Panorama, welches bereits auf den Prospekten *Tw 5*, *Tw 6* und *Tw 7* aufgetaucht ist. Das Ortsbild hat sich in einem wesentlichen Punkt verändert: Es wird von dem damals neu gebauten FDGB-Heim „Wilhelm Pieck" dominiert, welches im Jahre 1976 anstelle des ehemaligen Kurhauses „Felsenstein" errichtet wurde (Dieses hatte seit 1897/98 das Antlitz von Finsterbergen geprägt). Katzung/Bischof bezeichnen den Abriss des schönen Gebäudes 1972/73 als sehr fragwürdig (vgl. Festschrift zur 850 Jahr-Feier Finsterbergens 1991, S. 20) – vielleicht ein ähnlich dubioser Willkürakt wie beim Abriss der Leipziger Universitätskirche. Im Falle Finsterbergens hätte das Aussehen der Villa des Kurhauses „Felsenstein" dann zu sehr an die vormals überwiegend wohlhabenden Kurgäste (nämlich „kapitalistische Industrielle") erinnert und wäre nicht propagandatauglich gewesen. Offizieller Grund war der enorme Anstieg der Gästezahlen in den 70er Jahren (siehe oben).

Der neue „typisch realsozialistische Baukörper in Großblockbauweise" mit etwa 300 Betten überragt bis heute das Ortsbild. Im Volksmund der DDR hieß er wegen seiner gelben Farbe „Chinesische Botschaft". Ausstattung und Innenarchitektur waren jedoch vergleichsweise sehr gut (vgl. Katzung/Bischof 1991, S. 20). So könnte man das Bild *Tw 8* leicht provokativ wie folgt interpretieren: Die vom Feriendienst des

FDGB profitierende kinderreiche Arbeiterfamilie verbringt ihren Sommerurlaub im Thüringer Wald. Bei der Wanderpause an einer Hütte lässt sie ihren Blick dankbar und stolz auf das gigantische (Prestige)Hotel ihres Gönners schweifen. Der FDGB hatte in der gesamten DDR mehrere solcher riesigen Plattenbau-Ferienkomplexe errichtet, die den (nie realisierten) Plänen der KdF-Reisen im Dritten Reich sehr nahe kamen (vgl. SPODE 1996, S. 16-18).

Abbildung 34: Titelseite des Prospekts *Tw 8* (1979)

Quelle: Heimatmuseum Finsterbergen, 2002

Der Leitspruch der Titelseite ist jedoch in keiner Weise ideologisch angehaucht, sondern stammt von einem aufrichtig freundlichen Gastgeber: „Finsterbergen grüßt seine Gäste". Auch die Texte auf den Innenseiten sind im Vergleich zum vorhergehenden Prospekt als relativ abgeschwächt regimeverklärend zu bewerten. Beim *Titelmotiv* von 1979 handelt es sich aber durchaus um ein stark sozialistisch geprägtes und bewusst ideologie-vermittelndes Bild. Wohl eher zufällig ergab sich die Farbe des Anzugs der Mutter – rot –, und auch die Kinder treten nicht in Pionieruniform, sondern in gewöhnlicher Sommerkleidung auf. (v.l.n.r.: 1. blondes Mädchen mit weißem T-Shirt, blauer Hose und brauner Handtasche; 2. braunhaariger Junge mit gelbem T-Shirt, brauner Lederhose und blau-weißen Kniestrümpfen; 3. kleiner hellblonder Junge mit T-Shirt und Hose in weiß, blau-gelbe Kniestrümpfe; 4. Vater, sitzend: braunes T-Shirt, dunkle Haare, braune Cord-Hose und Sonnenbrille; 5. Mutter: braune Haare, leuchtend rotes T-Shirt mit weißem Rand, ebenso rote Hose mit Schlag und schwarze Handtasche).

Abgesehen vom Anzug der Mutter wirkt das Bild insgesamt etwas blass und trüb; eher wie eine zufällige Momentaufnahme. Die erhabene Landschaftswirkung und sinnlich-emotionale Atmosphäre wie auf den vorhergehenden Prospekten fehlt hier völlig. Der Himmel ist blassblau, die Berge im Hintergrund kommen kaum heraus, die Luft ist diesig und man erkennt nicht unbedingt, dass man in einem Höhenluftkurort des Thüringer Waldes ist. Die Tanne im Vordergrund und auch die Bäume links im Bild wirken z. T. etwas kränklich (Anzeichen des verstärkten Waldsterbens?), was nicht unbedingt vorteilhaft ist. Bezeichnender zentraler Blickpunkt des Bildes bleibt das große FDGB-Heim.

3. Einzelfallanalyse: Der Prospekt *Tw 9* (1984)

In den 1980er Jahren ändert sich das Layout des Finsterberger Prospekts. 1984 gibt die örtliche Kurverwaltung die Broschüre *Tw 9* heraus. Das acht Seiten schlanke Heft ist wieder in quadratischem Format (etwa 19x19 cm). Auf der Titelseite ist ein neues Motiv zu sehen: Der Blick fällt in einen lichten, freundlichen Wald. Man sieht zwei Wander- oder Spazierwege, an denen je zwei einladende, helle Sitzbänke stehen. Die rot und rosa blühenden Büsche in der Mitte und am rechten Rand verbreiten eine frühsommerlich leichte Stimmung. Die vorderen Bäume spenden angenehm schattiges Licht. Im Hintergrund ragen hohe Kiefern oder Fichten empor (siehe Abb. 35).

Abbildung 35: Titelseite des Prospekts *Tw 9* (1984)

Quelle: Heimatmuseum Finsterbergen, 2002

Auch inhaltlich wurden Veränderungen vorgenommen. Der Text ist sehr kurz gehalten und nur noch andeutungsweise ideologisch. Dafür wurden viele große und aktuellere Farbfotos eingesetzt. Hier lässt sich eine Parallele zum „Siegeszug des Bildes" in den Schwarzwaldprospekten ziehen, der sich dort bereits Ende der 70er Jahre abzeichnete (siehe 6.4 – Bilder der 70er und 80er Jahre). Die Rückseite der auseinanderfaltbaren Hochglanzbroschüre zeigt eine große, farbige Panoramakarte von Finsterbergen. Das gleiche Titelbild wird in der fast unveränderten Neuauflage von 1988 verwendet, auf welchem anlässlich des 100jährigen Jubiläums von Finsterbergen als Erholungsort in der linken oberen Ecke ein Logo prangt: Auf diesem ordnet sich der Schriftzug „100 Jahre Erholungsort Finsterbergen im Thüringer Wald" im Kreis um einen Hirsch im Tannenwald (im Jahre 1987 war dem Ort der offizielle Titel „Staatlich anerkannter Erholungsort" zugesprochen worden vgl. KATZUNG/BISCHOF 1991, S. 31).

Das Titelfoto vermittelt tatsächlich einen Begriff von Entspannung und Erholung, insbesondere durch die Ruhebänke im Sonnenschein. Die Gestaltung entspricht ganz den Ansprüchen an Emotionalität und Atmosphäre, wie sie KROEBER-RIEL für die Bildkommunikation in der Werbung wünscht (siehe 4.3.3 – Imagerystrategien), nicht jedoch dem Prinzip der Alleinstellung, da der Thüringer Wald als solcher hier gar nicht zu erkennen ist. Die zuvor noch so betonte „Schaffenskraft" tritt zugunsten der schlichten „Erholung" zurück. Freizeit und Urlaub sind zu einer Selbstverständlichkeit geworden, was sich u.U. auf die Sozialreformen und die Lockerung der Reisebestimmungen Ende der 70er Jahre zurückführen lässt. Menschen sind allerdings nicht zu sehen. So wirken die hellen Bänke zwar einerseits als „Einladung", vermitteln aber andererseits fast ein wenig zuviel Ruhe und sprechen im Gegensatz zu *Tw 7* und *Tw 8* eher Rentner als Zielgruppe an. Der Gast kann sich zurücklehnen und die nach wie vor erfrischende und klare (Wald)Luft genießen – „Entspannung pur".

Fazit: Das Titelbild gibt keinerlei Hinweise mehr auf irgendeine sozialistische Propaganda oder Zensur. Dies relativiert die Erkenntnisse der beiden vorangegangenen Bildinterpretationen (*Tw 7* und *Tw 8*). Man kann für die DDR-Zeit also nicht von einer kontinuierlichen, staatlich geprägten Bild-Propaganda in der Fremdenverkehrswerbung sprechen, was auch mit den genannten Reformen zusammenhängen kann. Dies wiederum würde SCHMIDTs These von der Werbung als Spiegel der Gesellschaft (siehe 3.2.4 – Die Werbung als Indikator für den zeitlichen Wandel) bestätigen. Andererseits könnte es ebenso gut ein Hinweis darauf sein, dass touristische Werbebilder eben *unabhängig* von gesellschaftspolitischen Bedingungen sind, und dass ‚Erholung' und ‚Urlaub' zu jeder Zeit mit ähnlichen Motiven nicht nur wahrgenommen, sondern auch über lange Zeit kommuniziert werden. Regimegetreue Landschaftsverherrlichungen finden sich bei den DDR-Prospekten am ehesten in den Texten wieder; der etwaige Bezug auf die Bildwahl sei vorerst dahingestellt.

6.6 Die Postmoderne: Bildtendenzen am Ende des 20. Jh.

Die westlichen Industriegesellschaften werden seit Beginn der 1980er Jahre als (globalisierte) Dienstleistungs-, Freizeit- oder Erlebnisgesellschaft definiert, deren Auswirkungen auch auf dem postmodernen Reisemarkt zu spüren sind:

"Nichts ist mehr so, wie es früher war – in der touristischen Welt am Ende des 20. Jahrhunderts: Traditionelle Destinationen in Europa verlieren ständig an Marktanteilen, neue Zielgebiete in Übersee boomen, die touristische Nachfrage geht erstmals seit langer Zeit zurück, und die verbleibenden Kunden werden immer anspruchsvoller, preissensibler und zugleich unberechenbarer" (STEINECKE 1997, S. 9-11).

In der zunehmenden Individualisierung liegen die Wurzeln der neuen Gesellschaftsform, in der die Menschen versuchen, ihrer gewonnenen Freiheit und Freizeit im Urlaub einen Sinn zu geben. Der (post)moderne Tourist ist reiseerfahren, gebildeter, kritischer und hybrider geworden. Senioren stellen angesichts der rückläufigen Geburtenzahlen eine immer bedeutender werdende Zielgruppe dar. Diese Trends auf der Nachfrager- und Anbieterseite haben Auswirkungen auf das Marketing; sie seien daher kurz erläutert:

Exkurs: Postmoderne Tendenzen im Tourismus

Nachfragerseite: Steigendes Anspruchsniveau (in Bezug auf Qualität, Service und Erlebniswert), zunehmender Wunsch nach Individualität in allen Lebensbereichen, (so auch in der Freizeit), damit einhergehende Flexibilität und Kurzfristigkeit im Reiseverhalten, komplexe Motivbündel und steigende Pluralität der Lebensstile, also eine Diversifizierung der Zielgruppen.
Anbieterseite: Kreiert dem gemäß erfolgsversprechende Freizeitkonzepte, einerseits standardisiert (Produktsicherheit) und andererseits spezialisiert (attraktive, individualisierte Themenangebote), komplexe Angebote (*all inclusive*, Ferienzentren, Erlebniswelten etc.) und professionelle Inszenierungen, Serviceorientierung.
(vgl. u. a. STEINECKE 1997, S. 9-13 sowie 4.1 – Strategisches Marketing).

Verschiedene Autoren sprechen in diesem Zusammenhang auch von einer zunehmenden Bedeutung des Ästhetischen, des immateriellen Zusatznutzen (siehe 4.3.1 – Anforderungen an die Gestaltung). ASCHAUER (2001, S. 115, 125) erörtert die Charakteristika postmoderner Gestaltung. Diese basiere auf einem semiotischen, kommunikationsausgerichteten Programm, das im Zeichen eines stilistischen Pluralismus, einer variablen Ästhetik steht. Es trennt Form und Inhalt zugunsten eines primär ästhetischen und nicht mehr inhaltlich-funktionalen Konzeptes. Und genau wie die Architektur erzeugen auch die adressatenbezogene Landeskunde oder eben Regionalwerbung multikodierte virtuelle Räume, sprich: Raumbilder (vgl. ebd., S. 127, siehe auch 3.2 – Medien konstruieren Wirklichkeit). Man verarbeitet dabei populäre und pluralistische Ideologie und Symbolik, spielt mit Ornamenten, Metaphern, historischen Bezügen und Humor (vgl. ebd., S. 128). Nun gilt es zu prüfen, inwiefern sich diese Grundtendenzen in der Tourismuswerbung tatsächlich offenbaren.

6.6.1 Bilder des Schwarzwaldes in den 80er und 90er Jahren

Die Prospekte, die zwischen 1986 und 1998/99 erschienen sind, können wiederum als Gruppe bzw. „Typ" zusammengefasst werden. Wie bisher ziert überall jeweils nur ein großes Farbfoto die Titelseite. Übergreifendes Merkmal ist hier – im Gegensatz zur vorigen Epoche der 70er und frühen 80er Jahre – das Erscheinen von Personen auf der Titelseite (einzige Ausnahme bildet das Heft von 1993/94). Zunächst noch sehr zaghaft und in die Landschaft integriert, rückt der Mensch sehr schnell in den Vordergrund und nimmt teilweise als Portrait oder Detailaufnahme das gesamte Bild ein (vgl. *Sw 15*, *Sw 16*).

Im Jahre 1995 kommt das neue Logo des Tourismusverbandes zum Einsatz, der abstrahierte Bollenhut mit fünf rot gefüllten Kreisen über einer leicht geschwungenen (meist weißen) Linie. Bereits früher hatte man versucht, den Schriftzug „Schwarzwald" über mehrere Jahre hinweg konstant zu halten. Seit 1995 ist er einheitlich weiß und leicht geschwungen in der oberen Hälfte des Bildes zu finden – die bewusste Anwendung von *Corporate Identity*. Auf zunächst 70, dann bis zu 112 Seiten wird nun der Inhalt der Imagebroschüre immer ausführlicher, und zwar ohne Gastgeberverzeichnis. Dabei wird nicht mehr nur die gesamte Region, sondern auch jede einzelne Gemeinde mit ihren individuellen Reizen in reiseführerartiger Knappheit beschrieben. Inhaltlich bleiben die Imagebroschüren relativ ähnlich aufgebaut. Die Bilder werden regelmäßig aktualisiert, Text und Layout alle zwei bis drei Jahre „aufgefrischt". Dadurch wird der Prospekt nach und nach übersichtlicher, aber auch immer dicker. Die interessantesten Titelmotive sollen im folgenden kurz interpretiert werden. Eine Reihe aufzustellen, wie für die 20er oder 50er/60er Jahre, erwies sich als schwierig.

Sw 13 erinnert vom Titelmotiv her an die Broschüre aus Finsterbergen von 1979: Eine Gruppe von Menschen unterschiedlichen Alters in Freizeitkleidung ist bei einer klassischen Schwarzwald-Aktivität, dem Wandern, abgebildet. Die etwa zehn Perso-

Die Bilder der Werbung im tourismushistorischen Kontext _____ 119

nen bewegen sich auf den Betrachter zu; die Landschaft entspricht einer der zuvor beschriebenen mit dem obligatorischen Schwarzwaldhaus (siehe Abb. 36 sowie 2.5.2 – Bilder der 70er Jahre). *Sw 14* zeigt eine Gruppe von Einheimischen in Tracht (zwei jüngere Frauen mit rotem Bollenhut, eine Frau mit buntem Schäppel und ein Junge mit schwarzem Anzug und Hut). Sie unterhalten sich auf dem Weg vor dem dahinter stehenden „Freilichtmuseum Vogtsbauernhof" in Gutach, welches sich nur dem regionskundigen Betrachter erschließt. Das Haus entspricht selbstredend der traditionellen regionalen Bauweise mit geranienbepflanztem Balkon etc. Die Gruppe erscheint gewissermaßen als „Inventar" dem Museum zugehörig, denn die Szene wirkt insgesamt etwas gestellt; keine Anzeichen von moderner Zivilisation (siehe Abb. 37).

Abbildungen 36-37: Titelseiten der Prospekte *Sw 13* (1986), *Sw 14* (1987)

Quelle: Archiv des Schwarzwald-Tourismusverbandes Freiburg i. Br., 2002

Ein interessantes Motiv liefert auch das Ferienmagazin *Sw 15* von 1988. Das Titelbild wurde bis 1992 beibehalten. Es zeigt in Großaufnahme einen kleinen dunkelhaarigen Jungen in Schwarzwälder Tracht mit weißem Hemd, schwarzer Hose, darüber einer roten Weste mit vier silbernen Knöpfen, der oberste blinkt in der Sonne. Die linke Hand des Jungen geht zum schwarzen Hut, den er entweder vor dem Wind festhalten oder aber zum Gruß heben will: „Habe die Ehre", oder „Herzlich Willkommen", „Hereinspaziert", „Freut mich, Sie kennen zu lernen" (siehe Abb. 38).

Abbildungen 38-39: Titelseiten der Prospekte Sw 15 (1988), Sw 16 (1993)

Quelle: Archiv des Schwarzwald-Tourismusverbandes Freiburg i. Br., 2002

Die nette Geste des niedlichen kleinen Kerls ist ein echter Schnappschuss. Seine Miene ist aber weniger verschmitzt als vielmehr ernst und fast beleidigt, als hätte ihm jemand die Bonbons weggegessen (er hält eine leere Tüte in der rechten Hand). Vielleicht rührt sein Gesichtsausdruck auch einfach daher, dass ihn die Sonne blendet. Die Bonbontüte wirkt etwas irritierend und ist wahrscheinlich zufällig. Sie kommt fast einer Art *product placement* gleich, obschon die Marke nicht auf den ersten Blick erkennbar ist. Der Slogan direkt unter dem dunkelgrünen Schriftzug „Schwarzwald" wurde abgewandelt und konkret auf eine Zielgruppe ausgerichtet: „Mit familiengerechtem Urlaub" (früher: „Ferien Kur Freizeit"). Für diese Botschaft ist ein Kind der ideale bildliche Kommunikator. So bilden Text und Bild eine Einheit. Im Hintergrund ist stark verschwommen noch der Umriß eines Schwarzwaldhauses erkennbar. Das Motiv bewährte sich über vier Jahre als Titelbild. Es findet sich u. a. auch auf einer Sonderausgabe, die speziell zu den Drehorten der „Schwarzwaldklinik" erstellt wurde. Mag sein, dass es sich sogar um eine Szene aus der populären Serie handelt.

Ein emotional ebenfalls sehr ansprechendes Motiv wurde für *Sw 16* gewählt. Gemäß KROEBER-RIEL kann man hier von einem richtigen Archetypen sprechen. Man sieht in Großaufnahme zwei junge Mädchen mit rosigen Wangen in farbenfroher festlicher Tracht. Die Jüngere von beiden trägt eine schwarze Haube und schmiegt sich von links hinten an die Ältere, welche bereits den roten Bollenhut trägt (siehe Abb. 39). Der

Betrachter wird Zeuge einer sehr vertrauten, ja intimen Szene, die „ans Herz geht"; vielleicht flüstert die Kleine der Großen gerade ein Geheimnis ins Ohr. Diese lacht ihr über die Schulter zu. Der Bollenhut dominiert das Bild; er nimmt fast ein Drittel der Seite ein. Der Hintergrund ist sehr dunkel, fast gleichmäßig schwarz. Der Schriftzug ist weiß, dem Hintergrund angepasst, beibehalten wurde neben der Schriftart das Logo des Landesverkehrsverbandes in der unteren rechten Ecke.

Mit dem Ferienmagazin von 1995 (*Sw 17*) wurde ein konzeptioneller Wandel vorgenommen. Es ähnelt nunmehr – zumindest im ersten, allgemeinen Teil – einer Zeitschrift. Diesen Effekt erzeugt bereits die Titelseite, welche neben dem neuen Logo und dem weißen Schriftzug „Schwarzwald" noch drei verschiedenfarbige kleinere Schlagzeilen zu den behandelten touristischen Leitthemen des Heftes beinhaltet (siehe Abb. 40). Bis dahin waren auf der Titelseite nur vereinzelt Logos oder Slogans zu sehen gewesen. Auch inhaltlich werden die Themen wie Zeitschriftenartikel aufgezogen. Atmosphärische Texte, emotions- und stimmungsgeladene Fotos runden die zunehmend erlebnisorientierte Gestaltung ab.

Abbildungen 40-41: Titelseiten der Prospekte *Sw 17* (1995), *Sw 18* (1996/97)

Quelle: Archiv des Schwarzwald-Tourismusverbandes Freiburg i. Br., 2002

Auf den Titelseiten von 1995 und 1996/97 ist je eine junge musizierende Frau in Tracht mit schwarzem bzw. rotem Bollenhut zu sehen. Beide nehmen bis zur Brust das ganze DIN A4-Bild ein und haben eine fröhliche Ausstrahlung. Die Instrumente

(Querflöte bzw. Tuba) strahlen in der Sonne. Der Hintergrund ist nun völlig zur Nebensache geworden, mal ist er dunkel (*Sw 17*), mal leuchtend hellblau (*Sw 18*); auf letzterem kommen die riesigen roten Bollen sehr gut zur Geltung. Die Darstellungen wirken sehr lebendig und ansprechend, machen neugierig; man will teilhaben, der (Volks?)Musik zuhören (siehe Abb. 40-41).

Die Prospekte von 1996 und 1998/99 zeigen nun wieder „Touristen in Aktion". Auf Bild *Sw 19* ist eine sehr lebendige (aber zweifellos gestellte) Szene zu beobachten: Ein junger Mann mit kurzen blonden Haaren erfrischt sich bei einem Bad in einem alten, runden Holztrog, welcher auf einer halbschattigen Wiese steht. Dabei fühlt er sich scheinbar völlig unbeobachtet und spritzt übermütig mit beiden Armen Wasser in die Luft, welches in der Sonne glitzert. Sein Mountainbike lehnt links am Trog, daneben liegen seine Sportkleidung und der Fahrradhelm. Im verschwommenen Hintergrund ist das Dach eines Schwarzwaldhauses erahnbar (siehe Abb. 42).

Das letzte Bild dieser Kategorie bzw. „Epoche" stammt aus dem Ferienmagazin 1998/99. Man sieht auf *Sw 20* im Gegenlicht der untergehenden Sonne den schattigen Umriss eines Mountainbikers, der gerade halb in der Luft hängt. Das Bild vermittelt *Action* und soll, ebenso wie das vorige, v. a. junge und aktive Menschen ansprechen – denn Abenteuersport ist eine weitere Ausdrucksform unserer erlebnisorientierten Risikogesellschaft und eignet sich demnach für eine Destination sehr gut zum Zielgruppen- und Imagewechsel (siehe Abb. 43). Nach dem Motto „no risk no fun" soll man nun den Schwarzwald entdecken. Im Hintergrund ist ein See zu erkennen, in dem sich die Sonne leuchtend orange spiegelt, was die gespannte Stimmung noch verstärkt; am Horizont zeichnen sich, kaum wahrnehmbar ein paar Hügel ab. Letztlich erinnern die beiden kleinen Tannen am linken Bildrand noch entfernt an die Region.

So kann zusammenfassend für alle Hefte (insbesondere ab 1988) festgehalten werden: Die Landschaft wird scheinbar nebensächlich bzw. völlig unwichtig. Wären nicht hin und wieder Bollenhüte und Trachten zu sehen, würde der Raum an sich im Prinzip zur Gänze austauschbar. In dieser Epoche zeichnet sich deutlich eine strategische Bildkonstruktion ab, wie sie Kroeber-Riel vertritt (siehe 4.3.3 – Imagerystrategien). Der *Mensch* im Vordergrund ruft mehr Emotionen hervor und motiviert einen potenziellen Gast möglicherweise mehr zum Urlaubmachen als eine reine *Landschafts*aufnahme. Der Betrachter wird förmlich in das Bild hineingezogen, nimmt Teil am Urlaubsleben, das überwiegend in einer traditionellen Welt stattfindet, die aber auch hin und wieder ganz ungezwungen als Kulisse für moderne Freizeitaktivitäten (z. B. Mountainbiking) und emotionale „Erlebnisse" dient. Die gesättigten Farben und die Größe der Motive verströmen in besonderem Maße Atmosphäre.

Die Bilder der Werbung im tourismushistorischen Kontext 123

Abbildungen 42-43: Titelseiten der Prospekte *Sw 19* (1996), *Sw 20* (1998/99)

Quelle: Archiv des Schwarzwald-Tourismusverbandes Freiburg i. Br., 2002

6.6.2 Bilder des Thüringer Waldes in den 90er Jahren

Für die Betrachtung der Bilder aus der Nachwendezeit stellt sich insbesondere die Frage, ob sich auch für den Thüringer Wald – gewissermaßen verspätet – anhand der Werbung Strukturen der postmodernen Ästhetisierung erkennen lassen, wie dies beim Schwarzwald der Fall ist. Dafür stehen zum einen Bilder aus Finsterbergen (*Tw 10* und *Tw 11*) und zum anderen erstmalig auch vom regionalen Fremdenverkehrsverband Thüringer Wald zur Verfügung (*Tw 12* und *Tw 13*).

1. Einzelfallanalyse: Der Prospekt *Tw 10* (ca. 1990)

Direkt nach der Wiedervereinigung gab die Kurverwaltung Finsterbergen in Zusammenarbeit mit einer Werbeagentur eine neu konzipierte Imagebroschüre heraus. Die 16seitige Präsentation zeigt neue Fotos und werbesprachlich „aufgepeppte" Informationstexte für einen ansprechenden Zielgruppenkontakt. Außerdem beinhaltet sie ein tabellarisches Gastgeberverzeichnis. Auf der Titelseite wurde lediglich das Logo von Finsterbergen als „Staatlich anerkannter Erholungsort" aus der Vorwendezeit übernommen (vgl. *Tw 9*). Die marktwirtschaftliche Bedeutung eines abstrahierenden

Logos hatte man augenscheinlich erkannt (siehe dazu auch 4.1.1 – Zur Profilierung inszenierter Urlaubsräume als Produkt und Marke).

Auf dem Titelbild des ersten Prospekts nach der Wende erscheint wieder eine Panorama-Ansicht des Ortes – scheinbar die beliebteste und dankbarste Präsentationsmöglichkeit. Sie kann sehr gut die Einbettung von Finsterbergen in die umgebende Landschaft zeigen (siehe Abb. 44). Interessant ist jedoch beim Vergleich mit den vorhergehenden Darstellungen (*Tw 5*, *Tw 6*, *Tw 7*, *Tw 8*) die leicht veränderte Perspektive. Sie erweckt den Anschein, dass der gigantische Komplex des einstigen FDGB-Heims „Wilhelm-Pieck" genau abgeschnitten wurde, obwohl es nach wie vor das Ortsbild von Finsterbergen dominiert. Es müsste vom Betrachter aus links liegen (Heute gehört es der IFA Berghotel GmbH nennt sich „Rennsteigblick" und hat eine weiße Fassade). Eine solche Darstellung ist in gewisser Weise verzerrend, da ästhetisierend und somit ein klares Anzeichen für strategisch-postmoderne Bildgestaltung. Möglicherweise wollte man die „chinesische Botschaft" (siehe *Tw 8*) aus dem Gedächtnis verdrängen (frei nach dem Motto: „Aus den Augen – aus dem Sinn"). Offensichtlich ist sie kein Symbol mehr für einen erfolgreichen Urlaubsort, sondern wird vielmehr als dessen Makel empfunden. Auch könnte der heutige individualisierte Tourist mit dem „Hotelklotz" eher Massentourismus als Ruhe und Romantik assoziieren und abgeschreckt werden.

Abbildung 44: Titelseite des Prospekts *Tw 10* (um 1990)

Quelle: Heimatmuseum Finsterbergen, 2002

So ragt hier am Horizont der nahegelegene Große Inselsberg heraus, mit 916 m der vierthöchste, aber wohl bekannteste und markanteste Berg des Thüringer Waldes. Allerdings sei an dieser Stelle bemerkt, dass das gewählte Titelfoto trotz allem weniger Idylle und Atmosphäre vermittelt, als es vielleicht sollte. Offenbar im Herbst aufgenommen, wirkt es dunkel und blass. Die Laubbäume sind bereits gelb, und die Nadelbäume im Vordergrund recht kahl (womöglich die Folgen des verstärkten Waldsterbens zur DDR-Zeit). Auch die Felder am gegenüberliegenden Hügel erscheinen nackt und leer; sie wurden gerade abgeerntet. Zusammen mit dem leicht trüben Himmel vermittelt das Bild eher eine trostlose Stimmung (die natürlich auch druckbedingt sein kann) – alles in allem eine für die Titelseite einer Imagebroschüre unglückliche Aufnahme.

2. Einzelfallanalyse: Der Prospekt *Tw 11* (ca. 1997)

Heute präsentiert sich Finsterbergen mit einem farbenfrohen Flyer im Format 10x19 cm, der viele gut gesättigte Fotos und atmosphärische Texte enthält. Auf zwölf Seiten werden kurz und bündig die Vorteile des kleinen Ortes beschrieben, u. a. – wie in den Prospekten der 20er Jahre (vgl. *Tw 2*, *Tw 3*, *Tw 4*) – mit Schlagwörtern wie „keine Industrie" oder „kein Durchgangsverkehr"; ebenso nimmt man auf Traditionen und Geschichte Bezug. Neben altbewährten Urlaubsformen wie der Kur fehlen auch nicht die Trendbegriffe der 90er Jahre wie „Wellness" und „Aktivurlaub" im Angebot.

Das aktuelle Werbematerial ist von dem der alten Bundesländer nicht mehr zu unterscheiden, es entspricht im wesentlichen den genannten Werbestandards nach KROEBER-RIEL (siehe Abb. 45 sowie Kapitel 4.3.2 – Imagerystrategien in der Werbung). So ziert die Titelseite auch ein neues Logo: zwei abstrahierte grüne Tannen und ein gelber Kreis für die Sonne. Zwei Bilder sind zu sehen: Das obere zeigt einen Teilausschnitt des Ortes mit den sanften grünen Hügeln im Hintergrund, in den ein überdimensioniertes braunes Rennsteig-Markierungsschild zur Verdeutlichung der Nähe zu dem bekannten Wanderweg einfügt ist. Dies ist bildstrategisch gesehen eine interessante und wichtige Maßnahme, schließlich ist der Rennsteig *der* Anziehungspunkt und *das* USP der Region Thüringer Wald. Das collagenartig eingesetzte Schild erweckt fast den Eindruck, es stünde tatsächlich in dieser Übergröße in der Landschaft. Das zweite Bild zeigt in Großaufnahme das renovierte „Haus des Gastes", in dem sich Tourist-Information und Kurverwaltung befinden. Für die Architektur des Thüringer Waldes ist es allerdings nicht unbedingt als typisch anzusehen; es fehlt das klassische schwarze Schieferdach. Der Orientierung des Gastes auf der Suche nach Informationen ist es aber womöglich dienlich.

Abbildung 45: Titelseite des Prospekts *TW 11* (um 1997)

Quelle: Heimatmuseum Finsterbergen, 2002

3. Einzelfallanalyse: Der Prospekt *TW 12* (ca. 1993)

Da seit 1990 vom Fremdenverkehrsverband Thüringer Wald in Suhl die gesamte Region beworben wird, werden ab diesem Zeitpunkt nun dessen Prospekte zur Analyse herangezogen. Leider ließ sich keine vollständige Reihe der bis dato herausgegebenen Imagebroschüren mehr erstellen. Brückner erwähnte jedoch, dass sich die Gestaltung kaum verändert habe, zumal die Broschüren auch nicht jedes Jahr erneuert wurden. Dies zeigt der Vergleich der Prospekte *TW 12* (etwa ab 1993) und *TW 13* (etwa ab 1999). Das Heft *TW 12* ist als eines der ersten nach der Wende etwa 1993 erschienen. Auf 16 Seiten sind viele kleine Farbfotos zu sehen, die, spaltenartig in die Mitte gesetzt, eine differenzierte Beschreibung der Region und ihrer Vielfalt geben. Links und rechts davon verläuft ein Fließtext mit Informationen zu den einzelnen Regionen und Orten. Die textliche Beschreibung der landschaftlichen Reize folgt wie schon im Thüringer Kursbuch von 1911 dem Rennsteig (vgl. LOEWY 1911), der – sowohl im imaginären Sinn, als auch real-räumlich – die touristische Leitlinie des Gebirges darstellt. Der Text ist sehr schlicht gestaltet (ohne variierende Schrifttypen oder -größe), was ihn monoton erscheinen lässt und nicht unbedingt zum Lesen einlädt.

Abbildung 46: Titelseite des Prospekts *Tw 12* (um 1993)

Quelle: Fremdenverkehrsverband Thüringer Wald in Suhl, 2002

Die Titelseite zeigt die bekannte und imposante Profilansicht der Wartburg, die nicht nur für den Thüringer Wald Symbol steht, sondern auch für das Bundesland - sie ist oft auch auf dem Werbematerial der Thüringer Tourismus GmbH, z. B. auf deren Imagebroschüre von 2001. Über dem gelbbraunen Herbstwald ragt die Burg empor (siehe Abb. 46). Die Wahl der Wartburg als Titelmotiv erweist sich generell wegen des hohen Bekanntheitsgrades und mehrfachen Imagerygehaltes (sowohl politik- als auch kirchengeschichtlich, siehe 2.5 – Der imaginäre Thüringer Wald) zum einen als großer Vorteil. Brückner erörterte (im mündlichen Gespräch mit der Autorin) die Kehrseite des *USP*: Viele Gemeinden des Thüringer Waldes fühlten sich benachteiligt und in den Schatten gestellt, wenn für die Region „immer die Wartburg" hergenommen wird. Dennoch macht die Burg hier einen leicht verfallenen (noch nicht restaurierten) Eindruck. Das Fachwerk am rechten Anbau ist nicht sehr gut erhalten, ebenso wenig wie das Dach. Das graubraune Gemäuer wirkt vor dem braunen Wald noch blasser. Als Ursache könnte man die Lichtverhältnisse oder aber drucktechnische Bedingungen vermuten. Es zeigt sich erneut, dass Herbstaufnahmen für Titelseiten weniger geeignet sind, sofern die Farben nicht gesättigt genug sind (siehe *Tw10* aus Finsterbergen).

Das Foto ist von einem etwa 3 mm breiten grünen Rand umrahmt. Dem äußeren Rahmen ist ein Farbverlauf von hell- nach blassgrün gegeben. Dieser wiederholt sich im Schriftzug des Slogans, der schattiert über das Bild gesetzt ist: „Den Thüringer Wald erleben". In der rechten unteren Ecke befindet sich das dunkelgrüne Logo des Fremdenverkehrsverbandes, welches im Gründungsjahr 1990 entworfen wurde. In abstrakter Form zeigt es eine Tanne und den Buchstaben „R" für „Rennsteig". Da nur drei wesentliche Elemente abgebildet sind, ist die Titelseite relativ leicht zu erfassen. Sie wird von der Farbe Grün dominiert und wurde bewusst gewählt, da sie *die* Farbe des Thüringer Waldes darstellt (Interview 2, Frage 2) und plausibel die Landschaft des Mittelgebirges symbolisiert.

4. Einzelfallanalyse: Der Prospekt *Tw 13* (ab 1999)

Der letzte Prospekt der Destination Thüringer Wald hat sich in Format und Inhalt im Vergleich zum Vorgänger *Tw 12* nur geringfügig verändert. Die Anordnung der Fotos und der Fließtext sind geblieben. Brückner selbst ist mit dem Erscheinungsbild der Imagebroschüre nicht sehr zufrieden; er beurteilte es im Interview mit einer Note von 2 bis 3 (Interview 2, Frage 2). Schon KERN (2001, S. 111 f.) äußerte Kritik in Bezug auf diese Aufmachung: Der sehr klein geschriebene Fließtext ließe keinen Fokus und keine Kernaussagen erkennen. Aussagen wie „jede Region hat ihr unverwechselbares Antlitz" seien zu unverbindlich. Teilweise hängt das sicher mit der Finanzierungsproblematik zusammen (Interview 2, Frage 7 und 4.3.1 – Probleme der Werbung). Denn auf nunmehr nur noch zehn Seiten alle Vorteile der großen Urlaubsregion darzustellen und gleichzeitig allen Verbandsmitgliedern gerecht zu werden, stellt eine enorme Herausforderung dar.

Das Titelbild zeigt hier eine andere der zahlreichen Burgen der Region: die anmutige, allerdings weniger bekannte Veste Heldburg am Südrand des Thüringer Waldes (siehe Abb. 47). Dieses Motiv wird von 1999 bis 2002 verwendet und ist sehr viel farbkräftiger als das von *Tw 12*. Alle Farben sind stark gesättigt. Der Himmel leuchtet azurblau. Zu dem dunkelgrünen Wald unterhalb der Burg bilden die leuchtend roten und rosafarbenen Blumen im Vordergrund, einen gelungenen Kontrast. Sie nehmen über ein Drittel der Bildfläche ein und verdecken zur Hälfte ein Fachwerkhaus – möglicherweise ein Gasthof. Das Haus vermittelt Naturnähe und einladende Ruhe. Lediglich die Stromleitungen, die quer durch das Bild verlaufen, stören die Harmonie etwas.

Das Foto ist wieder dunkelgrün umrahmt. Der Hintergrund der Seite ist in einem warmen strahlenden Grün gehalten. Der Schriftzug des wiederverwendeten Slogans „Den Thüringer Wald erleben" wurde abgewandelt. Er wirkt nun modischer und dadurch u.U. „erlebnisorientierter". Dieser Slogan ist – entsprechend dem *Corporate Design*

Die Bilder der Werbung im tourismushistorischen Kontext 129

– auf allen Informations- und Werbematerialien des Fremdenverkehrsverbandes zu finden. Mit dem Titelbild von *Tw 13* lässt er sich aber nicht unbedingt in Verbindung bringen. Das hängt v. a. damit zusammen, dass keine Menschen zu sehen sind, und aus dem Bild nicht hervorgeht, *was* man hier erleben kann. Hierfür wären – unter Berücksichtigung der Imagerystrategien – z. B. Wanderer oder Radfahrer denkbar gewesen.

Abbildung 47: Titelseite des Prospekts *Tw 13* (seit 1999)

Quelle: Fremdenverkehrsverband Thüringer Wald in Suhl, 2002

Das Logo des Fremdenverkehrsverbandes ist von der Titelseite verschwunden, was ebenfalls nicht von Vorteil ist (es findet sich erst auf der Rückseite des Prospekts wieder). Stattdessen wurden das Logo und die Telefonnummer der landesweiten Thüringer Tourismus GmbH mit Sitz in Erfurt auf die Titelseite genommen. Auf dem roten Dreieck in der rechten unteren Ecke hebt es sich gut von den beiden übrigen Elementen ab und gibt eine wichtige Information: *Hier* wird informiert, beraten und gebucht. Dies könnte einen potenziellen Gast etwas irritieren, der sich u. U. *vor Ort* informieren möchte. Die Broschüre wurde vom Thüringer Ministerium für Wirtschaft, Arbeit und Kultur gefördert, welches daher Anspruch auf einen Platz auf der Titelseite hat. Dem regionalen Fremdenverkehrsverband wird hier Verantwortung entzogen, was Imageverluste zur Folge haben kann. Im Vergleich zum Schwarzwald muss man daher sagen, dass im Thüringer Wald (noch) keine systematische und konsequente Anwendung der Imagerystrategien stattfindet.

6.7 Das 21. Jahrhundert: Perfekte Symbolik für durchgestylte Landschaften?

Das Titelmotiv des aktuellen Schwarzwald-Kataloges, welches ab 2000/01 und in der aktualisierten Auflage von 2002 Verwendung findet, könnte für die „Bildergeschichte" der Fremdenverkehrswerbung als Beginn einer neuen Epoche gedeutet werden – immerhin hatte die Schwarzwälder Kirschtorte bis dato noch nie die Titelseite eines Prospekts „erklommen" (siehe Abb. 48).

Abbildung 48: Titelseite des aktuellen Prospekts *Sw 21* (2000/01)

Quelle: Schwarzwald-Tourismusverband
Freiburg i. Br., 2002

Mit ihrer Größe – die Torte nimmt die halbe Seite ein – wird sie gleichsam zur regionalen Ikone. Hinter die riesige verführerische Torte wurde ein liebenswürdiger „Lausbub" gesetzt, dessen Kopf und Schultern die zweite Hälfte des Bildes einnehmen. In Tracht gekleidet – schwarzer Hut, weißes Hemd und schwarze, blumenbestickte Weste – schaut er dem Betrachter des Bildes direkt in die Augen. Mit den hellblonden, fast weißen Haaren und den treuen, strahlend blauen Augen wirkt er ganz und gar „unschuldig". Dem ist allerdings nicht unbedingt so: Den Daumen im Mund ist oder war er bereits versucht, heimlich von der Torte zu naschen. Noch fehlen kein Sahnehäubchen und keine der saftig roten Kirschen. Das Bild will die Sinne und v. a.

die ureigenen Geschmacksnerven des Betrachters ansprechen, dem beim Anblick der Torte das Wasser im Munde zusammenlaufen soll: „Nix wie hin in den Schwarzwald und genießen (bevor es zu spät ist)!", das ist hier die Kernaussage und zu transferierende Werbebotschaft – die ebenfalls durch und durch als *archetypisch* bezeichnet werden kann (siehe auch *Sw 16*).

Diese Interpretation deckt sich sicher nicht zufällig mit der Zielsetzung des damit angestrebten Images. Laut Matt-Willmatt soll das Bild für „Tradition und Genuss", also für die berühmte „Gourmetküche" des Schwarzwaldes stehen; der Marketing-Experte ist mit der Präsentation zufrieden: Das Bild ist seiner Meinung nach als sehr typisch für den Schwarzwald einzustufen und „das Image kommt sehr gut rüber" (Interview 1, Fragen 2-4). Alles in allem ist es eine gelungene und originelle, da mutige, freche und witzige Konzeption, die in Gänze den Kriterien von Kroeber-Riel entspricht (siehe 4.3.3 – Imagerystrategien). Das Titelbild ist weitgehend frei von negativen Konnotationen (lediglich bei Diabetikern oder Wellness-Freaks könnte der Anblick der sahnigen Torte mit den vielen Schokoladensplittern Unbehagen auslösen).

In diesem Sinne war das Schwarzwaldhaus, die „Ikone" der 1970er und frühen 1980er Jahre; der Bollenhut die der 1980er und 1990er Jahre. Die weltweit bekannte Schwarzwälder Kirschtorte mit ihrer eigenwilligen und ästhetischen Backarchitektur wird im Zuge der Globalisierung an der Jahrtausendwende zum neuen Symbol für den Schwarzwald erkoren. Dieses Motiv kann auch als eine Art neuer Regionalstolz interpretiert werden, der hier – angesichts weltweit konkurrierender Destinationen – eben als Ausdruck von Regionalisierungstendenzen und Rückbesinnung auf die eigenen Werte und Traditionen besonders hervortritt. Die stark geladene Symbolik ist eine ausgeprägte Form der Inszenierung und Ästhetisierung. Alle bisherigen Motive waren zwar teilweise gestellt, blieben aber immer noch als Ausschnitte aus der Wirklichkeit (der Landschaft oder des kulturellen Geschehens) erkennbar.

Für die Destinationswerbung ergeben sich letztlich unendlich vielfältige Werbemöglichkeiten: Auch vermittels ganz allgemeiner Urlaubsklischees, welche den Raum tatsächlich austauschbar machen, lässt sich Raum beschreiben, so z. B. mit einem badenden jungen Sportler (siehe *Sw 19*). Ob mit direktem regionalem Bezug oder ohne, ein Blick auf den deutschen Reisemarkt zeigt die Bandbreite an Imagerystrategien für Urlaubsregionen. Nach einer Analyse von 46 Imagebroschüren aus dem Jahre 2001 (siehe Abb. 49-57) konnten neun verschiedene Titelbild-Kernaussagen ermittelt werden, die an dieser Stelle kurz präsentiert werden sollen (siehe Abb. 49-57).

Abbildung 49-57: Bildbotschaften deutscher Urlaubsregionen (Titelbilder ausgewählter Imagebroschüren, Auflage 2001)

Typ 1 ‚**Angebotsvielfalt**': „Wir haben ein buntes Angebot an natürlichen und kulturellen Sehenswürdigkeiten"
Mecklenburgische Seenplatte

Typ 2 ‚**Natur**': „Wir bieten viel ursprüngliche Natur – speziell für Romantiker"
Sächsische Schweiz

Typ 3: ‚**Kultur**': „Wir sind fröhliche und traditionsverbundene Gastgeber"
Altmühltal

Typ 4 ‚**Aktivität**': „Wir bieten unbegrenzte Aktivitätsmöglichkeiten – insbesondere für Familien"
Westerwald

Typ 5 ‚**Ferien**': „Bei uns können Sie einen klassischen (Erholungs)Urlaub machen"
Mecklenburgische Ostseeküste

Typ 6 ‚**Mensch**': „Bei uns werden Sie glücklich"
Spessart

Typ 7 ‚**Landschaft**': „Wir bieten eine kontrastreiche und historische Landschaft"
Thüringer Wald

Typ 8 ‚**Symbol**': „Wir bieten Ihnen den Inbegriff des Genusses"
Schwarzwald

Typ 9 ‚**ohne Bild**': „Wir sind exklusiv, ganz anders als die anderen – lassen Sie sich überraschen"
Juist-Töwerland

Quelle: Eigene Erhebung Dezember 2002; Titelbild-Analyse von 46 Imagebroschüren aus dem Jahre 2001

7 Konsequenzen und Resümee

Zwei grundlegende Fragen gilt es nun in der historischen Zusammenschau analysierter Bilderwelten zu klären. Zum einen: Welche Raumwirklichkeiten schafft Fremdenverkehrswerbung in Abhängigkeit von gesamtgesellschaftlichen Zusammenhängen, und lassen sich daraus Perspektiven für die Zukunft entwickeln? Zum zweiten: Wie stark ist die symbolische Kraft der Werbebilder? Sind sie tatsächlich in der Lage, das Raumverständnis und -erleben eines Touristen zu steuern? Dieses Problem soll nicht nur im Hinblick auf empfehlenswerte Maßnahmen für die Tourismuswerbung behandelt, sondern auch kritisch hinterfragt werden.

Rückblickend wollen wir zunächst erörtern, auf welche Weise die Werbung zu unterschiedlichen Zeiten imaginäre Räume erzeugt hat. Es stellt sich die Frage, ob es nicht seit den Anfängen des Tourismus eine destinationsbezogene „Ökonomie der Zeichen" gab. Denn da es sich vordergründig um die Präsentation von *Landschaft* handelt, könnte man meinen, dass die NS- und DDR-Darstellungen mit den Bildern liberaler Zeiten durchaus verwandt sind. Provokativ gefragt: Besteht ein Unterschied zwischen systemabhängiger ideologischer und freiwirtschaftlicher Imagebildung resp. Raumfüllung?

7.1 Ästhetisierte Werbelandschaften von 1900 bis 2000

„Natürlich" gewachsene Ferienlandschaften werden durch Imagewerbung in Bild und Text mit allgemeinen Urlaubsklischees, wie z. B. „Touristen vor einer Sehenswürdigkeit", mit positiven Werten und nachdrücklichen Assoziationen aufgeladen. Die ausgewählten Bilder verleihen den Vorstellungen des Betrachters von Natur und Heimat, Geschichte und Gegenwart, Arbeit und Freizeit eine symbolisch wahrnehmbare und ästhetisch reizvolle Gestalt (vgl. auch KÖHNKE/KÖSSER 2001, S. 192).

Die strategische Raumbildkonstruktion ist eng mit dem Aufkommen des Tourismus verbunden. Die eingangs beschriebene touristische Bedeutung der „schönen Landschaft" wurde erkannt und stets folgerichtig beworben. Das Prinzip der Kreation visueller Bedeutungen scheint für den gesamten untersuchten Zeitraum tatsächlich ähnlich zu sein. Seit der erste Verschönerungsverein seine Broschüren herausgab, wurde erwartungsgemäß ästhetisiert und nach zugkräftigen Argumenten und Attraktionen der Region oder des Ortes gesucht, und zwar nach folgendem Grundsatz:

„Im Tourismus – speziell auch in den Reisebildern, die er produziert und die von Touristen rezipiert oder modifiziert werden – verkörpern sich die Wertvorstellungen unserer Gesellschaft" (GERNDT 2001, S. 18).

Der Begriff *Ästhetisierung* meint ursprünglich ganz allgemein die Versinnlichung von Handlungen, Prozessen oder Strukturen; im Alltagsgebrauch versteht man darunter „Verschönerung" bzw. Verschleierung des Hässlichen und Gewöhnlichen, Erzeugung eines „schönen Scheins". Es werden Dinge in einen ästhetischen Kontext gesetzt, die originär nicht ästhetisch sind (vgl. KÖHNKE/KÖSSER 2001, S. 193). Im Bereich des Tourismus kann man dazu jede Form der Inszenierung zählen: Historisierung, Romantisierung oder Musealisierung. Die Reduktion der Vielfalt räumlicher Erscheinungen auf positive Impressionen ist auch kein Charakteristikum der Moderne, sondern nahm, so WÖHLER (1998, S. 105), ihren Anfang etwa mit der Entdeckung Amerikas.

Werbelandschaften arbeiten mit einer potenzierten Verschönerung (und Suggestionen) in einer bereits bestehenden Scheinwelt; symbolische Bilder werden aneinandergereiht und überlagert (vgl. KÖHNKE/KÖSSER 2001, S. 207 f.). Eine Destination wird mittels diverser Medien – von der Ansichtskarte bis zum Bildband – eigens für den Konsum „hergerichtet"; ihre Natur wird dabei bereinigt, indem z. B. Umweltschäden retuschiert werden. Die Landschaftsdarstellung baut über lange Zeit auf ähnlichen Ideen auf: So finden sich romantische und historisch gehaltvolle Bilder in nahezu allen analysierten Prospekten. Da jede Fremdenverkehrsorganisation versucht, die ihr anvertraute Region bestmöglich darzustellen, wählt sie die am geeignetsten erscheinenden *USP* aus; und die haben sich – geht man nach dem Werbematerial – im Laufe von 100 Jahren nur unwesentlich verändert.

Als Ergebnis dieser Arbeit kann festgehalten werden, dass sich die Motive der Titelseiten in Perspektive und Darstellungsart zwar gewandelt haben, stets aber über längere Zeiträume konstant blieben. Bildwechsel fielen nicht immer, wie ursprünglich angenommen, direkt mit gesellschaftlichen Umbrüchen zusammen (vgl. *Tw 5* oder *Tw 9*). Ähnlich wie KÖHNKE/KÖSSER (2001) bei der Analyse von Bildbänden der Sächsischen Schweiz Hinweise herausgefunden haben, ist die Verbreitung sprachlicher oder bildlicher Motive auch hier nicht zwangsläufig an kulturelle oder politische Entwicklungen geknüpft. So kann ein Wandel der Bilderwelten nicht nur politischen Umbrüchen vor- oder nachgelagert sein, sondern u.U. auch völlig unabhängig davon stattfinden. Der mimetische Aspekt der Wiederholung alter Motive in neuem Kontext spielt insgesamt eine sehr große Rolle (siehe 3.2 – Medien konstruieren). Die Ähnlichkeit zwischen den Bildern der jungen DDR und denen der Nazi-Zeit seien stellvertretend dafür genannt.

Konsequenzen und Resümee

Als klassische Perspektive hielt sich bis Ende der 1970er Jahre – auf den Titelseiten der DDR etwas länger – die panoramaartige Darstellung: Ein typischer, möglichst prägnanter Ausschnitt der Landschaft wird von einer erhöhten Position aus abgebildet, die einem überblickenden *tourist gaze* entsprechen mag. Fast alle interpretierten Titelseiten zeigen *ein* großes Motiv, das mit einem bestimmten Eindruck Aufmerksamkeit und Interesse wecken soll. Generell gilt hier: Sowohl im Schwarzwald als auch im Thüringer Wald steht der Nadelwald auf abwechslungsreich hügeligem Relief als sichtbares und prägendes Landschaftselement an erster Stelle. Eigentümlicher Architektur kommt ebenfalls eine herausragende Bedeutung zu, und auch das regionale Brauchtum tritt bei der visuellen Bedeutungsauffüllung der Landschaft häufig in den Vordergrund. Die Tracht bspw. wurde in beiden Mittelgebirgen von Anfang an für „typisch" und einmalig erachtet. Sie ist bis heute in allen Prospekten zu finden (wenn nicht auf der Titelseite, dann doch auf den Innenseiten) und symbolisiert den Traditions- und Geschichtsbezug der einheimischen Bevölkerung.

In der Gesamtbetrachtung der Prospekte des 20. Jahrhunderts wird der „Siegeszug des Bildes" deutlich. In den einzelnen Epochen treten unterschiedliche Elemente in den Vordergrund, sprich: auf die Titelseiten. So stand zu Beginn des Tourismus die Landschaft gemäß dem bildungssprachlichen Verständnis im Mittelpunkt: entweder als unberührte Natur, oder mit dem jeweiligen Urlaubsort in natürlicher Umgebung, und zwar aus der Perspektive der romantischen Malerei. Bis in die 1920er Jahre hinein versuchte man auf den Titelseiten mit mehr Text-Bestandteilen – teilweise in sehr bildlicher, gereimter Form – positive Raumerwartungen zu konstruieren,. Während der NS-Zeit rückt sehr schnell das Volkstümliche ins Zentrum des Interesses. Hier äußert sich eine besondere Ästhetisierung und Konstruktion „schönen Scheins" durch leuchtend bunte Trachtenkleidung und rote Wangen, insbesondere bei Frauen. Die Bilder dieser Zeit vermitteln in besonderem Maße Heimat- und Nationalstolz und spiegeln somit ein patriotisches Raumverständnis wider.

In den 1950er Jahren variieren die Darstellungen. Auf den Titelseiten der relativ schlicht gehaltenden Schwarzwald-Prospekte findet man neben der Tanne auch Menschen, entweder als Einheimische in Tracht oder als Touristen in Aktion; vereinzelt kommen auch schlichte Landschaftsaufnahmen vor. Mit der „Vermassung" des Tourismus in den 1960er und 1970er Jahren verschwindet der Mensch wieder völlig. Dies ließe sich mit dem negativen Beigeschmack, den *Massen*tourismus mit sich bringt, interpretieren. Die Werbung zeigt daher nun Bilder, qua derer jeder individuell Urlaub machen kann und dabei die schöne Landschaft ganz für sich hat. Das Schwarzwaldhaus wird kategorisch zum Symbol der Region stilisiert: Als einsamer, abgelegener Hof wird es zum Inbegriff industriefreier Idylle und traditioneller Gemütlichkeit. Die *ökonomisch-strategische* Inszenierung der ursprünglichen Landschaft erfährt in dieser Zeit einen besonderen Impuls (siehe „Kanon Schwarzwaldhaus", 6.4 – Die 70er und 80er Jahre).

In der nun einsetzenden Postmoderne tritt die Ikonisierung von Alleinstellungsmerkmalen für einen Gesamtraum deutlich hervor. Dabei wurde für den Schwarzwald nachgewiesen, dass der zuvor übliche Panoramablick auf die eigentliche *Landschaft*, ab Mitte der 80er Jahre fast völlig von den Titelseiten verschwindet. Nunmehr fungieren einzelne oder mehrere Menschen (in Trachten- oder Freizeitkleidung) als Merkmalsträger einer *Destination*. In den 1990er Jahren orientiert sich die Tourismuswerbung an den aktuellen Marketingmethoden: Mittels Logo und *Corporate Design* versucht man, die Region als Produkt auf dem Reisemarkt konkurrenzfähig zu machen. Ebenfalls Ausdruck der Postmoderne ist die Verquickung von traditionellen Motiven mit zeitgemäßem Design, was insbesondere für die Schwarzwaldprospekte ab Ende der 80er Jahre kennzeichnend ist. Die Tourismusindustrie bringt nun Dinge zusammen, die in keinerlei originärem Kontext stehen und somit beinahe absurd wirken – Dichter mit regionaltypischen Spezialitäten, Mountainbiker mit Bollenhüten etc.

Den Darstellungen der DDR-Zeit haftet z. T. starker Realismus an (vgl. *Tw 8* sowie KÖHNKE/KÖSSER 2001, S. 58). Während die ersten Bilder tatsächlich in jeder Hinsicht noch starke Ähnlichkeit mit denen des Nationalsozialismus aufwiesen, sind in den Prospekten vor 1989 weder im Text noch in den Bildern Anzeichen von Historisierung und besondere Ästhetisierungsansätze zu erkennen. Allerdings spielen die FDGB-Urlauber und -heime eine wichtige Rolle (vgl. ebd., S. 79 sowie *Tw 8*). Insbesondere für die Texte konnten diesbezüglich Nachweise ideologisch bestimmter Raumbild-Konstruktion erbracht werden (vgl. *Tw 7* und *Tw 8* sowie CAHNMANN o. J.).

In der Nachwendezeit versucht man im Thüringer Wald, den neuen visuellen Ansprüchen gerecht zu werden und orientiert sich bzgl. der Prospektgestaltung am „Westniveau". Nach 1989 nahm der Anteil der Farbfotos in den Innenseiten der Prospekte noch mehr zu; dies hatte allerdings sich bereits in den späten 80er Jahren abgezeichnet (vgl. *Tw 9*). Auch gab es vorher schon Ansätze eines Logos für Finsterbergen (vgl. *Tw 9*). In jedem Fall kann die Wende nach KÖHNKE/KÖSSER (2001, S. 79, 112) als Zäsur hinsichtlich der Regionsdarstellung angesehen werden. So kam es bspw. auch in Bildbänden nach dem Mauerfall zu einer Häufung der Bezugnahme auf die Romantik. Am auffälligsten sind die Hinwendung zur Historisierung und Romantisierung; auch der *Erlebnisgedanke* wird schnell aufgegriffen.

Wie nicht zuletzt anhand der Übersicht gegenwärtiger Imagebroschüren deutlich wurde (siehe Abb. 49-57: Bildbotschaften deutscher Urlaubsregionen), zielt die Ästhetisierung heute vor allem auf die Faszination der Sinne und die Emotionalisierung im Sinne des Erlebnisgewinns ab (vgl. *Sw 15*, *Sw 16*, *Sw 19* oder *Sw 20*). Im modernen Tourismusmarketing erhält sie durch professionelle und systematische Inszenierung einen zunehmend kommerzialisierenden Charakter. Traditionelle Einschätzungen, die zum Reisen gehören, wie „schön", „selten", „bemerkenswert", also ästhetische, emotionale und intellektuelle Wertvorstellungen, mutierten in einer wirtschaftsdominierten Gesellschaft daher immer mehr zu Funktionen eines Nutzwerts, so GERNDT (2001, S. 18 f.). Die touristische Reproduktion des Raumes erfolgt im Zuge postmoderner Symbolisierungen und Thematisierungen nicht mehr gemäß dessen hergebrachtem kontextuellen Charakter, wie Berg, Strand, Heide oder Urbanität, sondern vielmehr auf der Basis raumfremder Lebensstilbedürfnisse (vgl. WÖHLER 2001[2], S. 106). Auf diese Art und Weise setzt sich der Trend der strategischen Inszenierung in den Bildern fort.

7.2 Von der Landschaft zum Urlaubsraum: Touristifizierung und postmoderne Entzauberung

Tatsächlich gilt heute für Konsumgüter: Bei abnehmendem Gebrauchswert nimmt der „Zusatznutzen" durch den Zeichenwert zu. Dazu gehört insbesondere die ästhetische Qualität eines Produktes: Design und Verpackung tragen vermehrt zur Differenzierung und Profilierung bei. Diese Eigenschaften vermitteln emotionale Vorteile bzw. Erlebniswerte, die beim Abnehmer Präferenzen auslösen (vgl. KROEBER-RIEL 1993, S. 325). So konsumieren wir Waren und Dienstleistungen heute eher symbolisch, diese fungieren nunmehr als Bedeutungsträger; sie sind Signifikanten geworden, die auf immaterielle Signifikate verweisen. Der Konsument ist demgegenüber ein „Spurensucher und -leser", der nahezu ununterbrochen „semiotische Arbeit" verrichtet. Als Ursache für den postmodernen Trend der Ästhetisierung des Alltags ist u. a. der Wohlstand westlicher Industriegesellschaften anzusehen, in denen keine unbefriedigten Grundbedürfnisse mehr bestehen (vgl. auch SCHULZE 1992, S. 58 ff.).

Diese Überlegungen aus der Theorie der „Ökonomie der Zeichen" (vgl. HELBRECHT 1994 u. a.), lassen sich auch auf das Destinationsmanagement übertragen; hier ist die oben beschriebene symbolisch ästhetisierende Aufladung des Raumes ausschlaggebend. So spricht ASCHAUER (2001, S. 138-140) für die regionsbezogene Selbstdarstellung von einem Bedeutungszuwachs des *user centred design*. Gebrauchsgegenstände, Architektur und Kommunikationsmedien zeigen „regionale Wirklichkeiten", produzieren und distribuieren Raummythen (siehe 2.3 – Die Verbildlichung). Fremdenverkehrsdestinationen, die sich als Produkt und Marke betrachten, unterwerfen den *Raum* betriebswirtschaftlichen Mechanismen. Nur ein durch Zeichen substituierter Raum sei letztlich beherrsch- und kontrollierbar, so WÖHLER (2001[1], S. 80-82). Für das Behaupten im Wettbewerb sind *USP* von zentraler Bedeutung, und hier in zunehmendem Maße ihr emotionaler Symbolcharakter. Auf der Basis von Wunschvorstellungen potentieller „Raumkonsumenten" transformiert man daher Landschaften in Images und ersinnt räumliche Produktkonzepte, die in Bildern glaubhaft materialisiert werden:

> *„Die Räume, in denen Menschen verweilen oder die sie durchstreifen, werden im Zuge einer sozioökonomischen Differenzierung ästhetisierend vertextet, in ein mediales Amalgam des Atmosphärischen hineingezogen"* (HASSE 1997, S. 17).

Ein temporärer und an sich intangibler Raumaufenthalt wird zum Konsumgut mythischer Form. Die Reisemotivation bestünde dann darin, die Zeichen in einem nunmehr imaginären, (ökonomisch) konstruierten Raumsystem zu suchen (vgl. WÖHLER 1998, S. 97-103, 111): den Bollenhut, das Rennsteig-R, das Schwarzwaldhaus oder die Ritterburg. Die von vornherein aus den Medien bekannten „Ikonen" sorgen vor Ort für Orientierung und Befriedigung. Indem das Destinationsmarketing Landschaften zu erlebaren Produkten stylt, schafft es aus Sicht des Besuchers den „perfekten" Raum – eine Ästhetisierung, wie sie in den sogenannten „künstlichen" Ferienwelten wie *Centerparcs* ihren Höhepunkt findet. Die ursprünglich materielle, konkrete Räumlichkeit wird hier durch reproduzierbare Zeichen ersetzt, welche den Raum attraktiv machen sollen. WÖHLER (2001[1], S. 80-82) spricht von „touristifizierten Räumen", welche im Rahmen von modernen Freizeitmustern umfunktioniert werden. Ein historisch und romantisch museal invertgesetztes „Urlaubsland" wird zum Merkmalsträger, wobei einzelne Bilder für die ganze Region stehen.

Aus der Perspektive der Erlebnisgesellschaft beinhaltet Ästhetisierung das „Projekt des schönen Lebens", d.h. eine Lebensgestaltung mit dem Ziel, etwas zu *er*leben und die Umstände so zu arrangieren, dass sie als schön empfunden werden (vgl. SCHULZE 1992, S. 33 ff.). Es stellt sich die Frage, ob diese Form der „Touristifizierung" nicht schon viel früher eingesetzt hat, nämlich mit dem Beginn des Tourismus und der Tourismuswerbung selbst. Urlaub stellt seit jeher in irgendeiner Form einen „Gegenalltag" dar. In Abhängigkeit von den Hauptreisemotiven einer Epoche eliminiert(e) der touristische Blick „störende Elemente" stets von selbst (siehe 2.1 – Die ästhetische Landschaft und 3.1 – Die „touristische Brille"). Seine entsprechende Umsetzung in der Werbung war nur mehr oder weniger staatlich gelenkt.

Geht man, wie WÖHLER (1998, S. 107-111), von einem originär „authentischen" Raumerleben aus, muss man auch fragen, in welchem Ausmaß dieses von „touristischen Design- und Instant-Raumangeboten" beeinflusst ist: „Weil sich Konsumenten am Image, dem Raumdesign, ausrichten, bestimmt auch hier das Design das Sein." Die Authentizität von Räumen und deren Wahrnehmung insbesondere im Urlaub ist umstritten. Kulturkritische Autoren betrachten die Medien als eine riesige Bewusstseinsmaschinerie, die Gefühle inszeniert und thematisiert und mittels Images zu einer Kollektivierung des Landschaftserlebens führt. Was einst die Ausprägung nationalistischer Propaganda war (siehe 6.2 – Das Dritte Reich), ist heute ein Konstrukt wirtschaftlicher Interessen. Sind unsere ureigenen Eindrücke und Imaginationen tatsächlich stets in irgendeiner Weise „vormanipuliert"? Das folgende Kapitel stellt verschiedene Argumente für und wider die Einflusskraft äußerer Werbebilder auf die inneren Bilder gegenüber.

7.3   Manipulation der Imaginationen? – Die Authentizitätsfrage

Die Kapitel 3.2.3 – Die Macht der Zeichen und 4.3.2 – Imagerystrategien haben gezeigt, dass unsere Welt in zunehmendem Maße aus fremd inszenierten Bildern konstruiert ist. Die Medien sind in der Informations- und Kommunikationsgesellschaft wesentliche Instrumente der Wirklichkeitskonstruktion (vgl. SCHMIDT 1991, S. 21 sowie 3.2 – Medien konstruieren). Tourismuswerbung versucht, positive *Images* im Gedächtnis der Konsumenten zu verankern (siehe 4.1 – Strategisches Marketing); aus konstruktivistischer Sicht projiziert sie Bilder auf unser Inneres, die dort mit anderen Vorstellungskonstrukten der Landschaft verschwimmen. Ihr „Zeichenangebot" aber reduziert den Raum auf wesentliche, marketingrelevante Elemente.

Die ökokomische Bedeutung derartiger Ästhetisierungen wird oft unterschätzt. Laut HENNIG (1998, S. 9) und WÖHLER (1998, S. 111) prägten die massenmedial erzeugten Raumbilder nicht nur wesentlich die Reise*entscheidung*, sondern sie wirkten auch nachhaltig auf die Raumnutzung. Zwangsläufig orientieren wir uns an den allgegenwärtig dargebotenen Raumideen und eben nur daran. Die „illustrierten Illusionen" der Fremdenverkehrsprospekte, Kunstreproduktionen oder Ansichtskarten stärkten ein falsches Bewusstsein beiläufig durch pure Gewöhnung, so WORMBS (1981, S. 40).

Was Ausdruck und Schaffung von Bewusstseinslagen anbelangt, spielt die Werbung – als Präsentation des Wahrnehmungsangebots – laut GERNDT (2001, S. 14-16) im Tourismus einer Konsumgesellschaft sogar eine ganz zentrale Rolle. Sie erzeugt im Vorfeld eine Erwartungshaltung und steuert damit Wahrnehmung und Verhalten. Insbesondere Bildern gelingt es, emotionale Gestimmtheiten zu beeinflussen und Erlebnisse zu versprechen. Sie lenken den Blick des Betrachters, der vor diesem Erfahrungshintergrund nun selbst ästhetisiert und inszeniert, dramatisiert, romantisiert oder einfach ausblendet.

Da wir letztendlich nur das wahrnehmen und „erfahren" können, was uns in irgendeiner Weise vertraut gemacht wurde (nach dem Motto: „Man sieht nur, was man weiß"), die sich stets aufeinander beziehenden Abbildungen und Bilderkanons diese Erwartungen aber auf eine prägnante Art und Weise steuern, ist unsere touristische Erfahrung nicht nur „vorprogrammiert" sondern eben beschränkt. Wenn sich die Bilder, die voller kultur(industri)eller Chiffren sind, überlagern und vermehrt auf sich selbst beziehen, so werden sie austauschbar, als wäre ein Bild der Fremde *nach Belieben* zu haben (vgl. HASSE 1997, S. 91, 117).

MÜLLENMEISTER (1997, S. 113-116) spricht sich in seinem „Plädoyer für einen humanistischen Tourismus" gegen die fortschreitende Simulation und die „Diktatur des Reiseleiters" aus. Der Tourist solle in seinem Empfinden, Urteilen und Erleben *frei* bleiben, denn nur dann könne er sein Denken ändern, seine Sinne schärfen und seine Persönlichkeit entfalten. Schließlich seien nur jene Wahrheiten von Wert, die *persönlich* gewonnen wurden. Dadurch würde auch die Definition von „Sehenswürdigkeiten" in Frage gestellt. Kann es objektive Kriterien für Sehenswertes und Schönes geben, wo auch für Touristen gilt, dass sie sich alles Wichtige nur durch eigenes Entdecken erschließen können?

Einerseits ließe sich dem touristischen Raummanagement also Obskurantismus vorwerfen. Bspw. täuschen uns Imagebroschüren ein intaktes Verhältnis von Mensch und Natur vor (vgl. KÖHNKE/KÖSSER 2001, S. 207). Trotz zivilisatorischer Veränderungen verspricht man immer noch Unberührtheit, Ursprünglichkeit und authentisches Naturerleben (vgl. SCHRUTKA-RECHTENSTAMM 2001, S. 23). JÜNGST (1984, S. 33) ist der Ansicht, dass Prospektlandschaften „als Kompositum ausgewählter Landschaftselemente" die wirklichen (sozialen oder ökonomischen) Verhältnisse einer Region verschleiern. Sie weckten beim potentiellen Urlauber Erwartungen und evozierten Verhaltensweisen am Urlaubsort, die u. U. diskordant zu der sozialen Welt der dortigen Bewohner sind.

Laut BÄTZING (1991, S. 143) könne die Inszenierung der Natur in der Dienstleistungsgesellschaft sogar so weit führen, dass der Mensch sie immer weniger auf eine direkte, sinnliche Weise wahrnimmt, sondern *nur* noch ausschnitthaft und mit Hilfe der Medien. Dadurch entstehe der Eindruck, alle Probleme im Umgang mit der Natur seien letztlich auf technische Weise lösbar. Besonders bei Freizeitaktivitäten in extremen und einst als bedrohlich empfundenen Naturlandschaften wie den Alpen, welche den Menschen heute nicht mehr wirklich beeindrucken, sondern in erster Linie als Freizeit- und Sportgelände wahrgenommen werden, lägen die ökologischen Probleme auf der Hand.

HASSE (1997, S. 18) stellt nun die Frage, ob die Individuen den problemkompensatorischen Ästhetisierungen aller Lebensbereiche kraft ihrer Einbildung noch entkommen können. Er erörtert unsere zunehmende Unfähigkeit, Schein und Wirklichkeit zu trennen:

> „Die Natur, die in Freizeit und Tourismus gesucht und gefunden wird, ist in ihrer rezeptionsspezifischen Bild- und Collagenhaftigkeit mehr in Fiktionen geronnen, als an der Präsentation der Dinge und Halbdinge orientiert. Wenn der Schein aber zum Signifikanten wird, verschwimmen die Unterscheidungskriterien" (ebd., S. 111).

Geht man von einer ursprünglich „neutralen" Welt aus, so bewegen wir uns als Tourist immer mehr in „Scheinräumen", welche uns den Blick auf die Realität mit einer „ästhetisch brüchigen Wand der Fiktionen" verstellen. Das Image fungiert hier als „Wahrnehmungsschablone", welches Vor- und Leitbilder praktischen Lebens, Kriterien für „real"/„irreal", „echt"/„unecht" zurechtlegt. Laut WÖHLER (1998, S. 97, S. 107-109 sowie 2001[1], S. 80-82) führe die genannte „Touristifizierung" letztlich zur Entleerung und Entzauberung des einzelnen Raumes und auch zur Vereinheitlichung der Destinationen. Die Marketingkonzepte definierten eine Urlaubsregion nicht mehr vom gelebten und substanziell gegebenen Raum her (vgl. WÖHLER 2001[2], S. 101). Selbst wenn die Komplexität und Perfektion eines *Centerparcs* von einem Mittelgebirge nie erreicht werden kann, so nähme seine ursprüngliche Landschaft mit fortschreitender Inszenierung und Thematisierung für Freizeit- und Konsumzwecke immer mehr den Charakter einer künstlichen Erlebniswelt an:

> „Der Raum als solcher, der das vermeintliche ‚Kapital des Tourismus' darstellt, verliert jedweden Wert. Nur der inwertgesetzte Raum, der jetzt als inszenierter Raum weltweit nomadisiert und herkömmliche Räume ins Wettbewerbsabseits stellt, ist ein handelbares Tourismusprodukt" (ebd. 2001[2], S. 102).

So sei der Tourismus inzwischen zu einer „Ökonomie der Gefühle" und die „organisierte Flucht" zur Ware geworden, welche die anthropologisch bedingte Fremdheit des Menschen in trügerische Glücksgefühle positiver Erlebnisse verwandelt, so HASSE (1997, S. 107). Der „schöne Schein" geht nunmehr vom einstigen Trost im bloß erscheinenden Schönen der Natur in eine werbende Warenästhetik der Landschaft über (vgl. WORMBS 1981, S. 40). HASSE befürchtet, dass unsere Raumvorstellungen so zu einem *Junk-Food* von Informationen verkommen, die in das Gefühl eines Immer-schon-Eigenen einwachsen und so den Blick in die Fremde mit einem Firnis des Klischeehaften „verkleistern" (vgl. ebd. 1997, S. 91, 111, 134, 142).

Die Frage nach authentischer, „echter" und ursprünglicher Landschaft wird allerdings problematisch, wenn man eine konstruierende Vorstellung imaginärer und symbolischer Räume zugrunde legt (siehe 2.2 – Begriffsbestimmung sowie 2.4 und 2.5 – Der imaginäre Schwarzwald/Thüringer Wald). So kann es kaum eine Form unvoreingenommener, nicht vermittelter Realitätserfahrung geben, da „Wirklichkeit" immer das Ergebnis eines Konstruktionsprozesses ist, der zwar von Medien in irgendeiner Weise mitgestaltet wird, aber zunächst von direkten Eindrücken, Ereignissen oder Begegnungen, die wir im Laufe unserer Biographie erleben, bestimmt ist, den inneren Bildern: „Es gibt keine authentische Erfahrung, keine Wahrnehmung der Welt, die nicht die Geschichte der eigenen Werdung in sich trüge" (HASSE 1997, S. 13).

Assoziationen und Erfahrungen des „Schönen" sind zunächst immer individuell, sie lassen sich nicht ohne weiteres standardisieren (siehe auch 3 – Gesellschaftliche Konstruktion). Es ist schwierig zu trennen, welche originär und welche in irgendeiner Weise „vormanipuliert" sind. Letztlich sind „die spezifischen Wahrheitshorizonte, auf denen ein ‚real' geglaubtes Bild sich vielleicht doch als ‚irreal', nicht als ‚echt', sondern doch als ‚unecht' erweist, [...] in ihrer Herkunft kaum auszumachen" (HASSE 1997, S. 111).

Der *sichtbare* Unterschied zwischen Original und Fälschung verschwindet, was allerdings kaum mehr ins Gewicht fällt, wenn man in der Freizeit mehr auf die Authentizität des *Erlebnisses* setzt (vgl. ebd., S. 117). „Naturerleben im Tourismus ist eine Form des Konsums von Bildern, die im Moment der Begegnung durch den Reisenden erzeugt werden" (ebd., S. 114). Indem sich der Tourist in die spezifisch bereitgestellten und hergerichteten Räume integriert, erfährt und erlebt er, ob das, was ihm versprochen wurde, auch tatsächlich eintritt. So gesehen bleibt der fremde Raum interpretationsoffen und der Tourist ist in seiner Wahrnehmung trotz aller Einflüsse relativ frei. Er kann theoretisch selbst entscheiden, wie er mit den ästhetisierten Bildangeboten umgeht, denn:

„Er ist stets (Mit)Produzent seines Tourismusproduktes, das er ja nicht vor der Inanspruchnahme kaufen und testen kann, sondern erst kennen lernt und beurteilt, wenn er sich handelnd in den Raum einbringt. Für den Touristen ist daher der anvisierte fremde Raum – rein strukturell betrachtet – ein offener, leerer und durch ihn zu füllender Raum" (WÖHLER 20011, S. 83 f.).

HENNIG (1997, S. 100-102) stellt die unheilvollen Kritiken künstlicher Erlebniswelten und Inszenierungen in Frage und zeigt die Ähnlichkeiten von „authentischen" und „künstlich inszenierten" Urlaubswelten auf. Man könne der „Scheinhaftigkeit" keine angebliche Ursprünglichkeit authentischer Urlaubserlebnisse entgegensetzen.

Grundsätzlich ist jede Form des Reisens eine Inszenierung. Denn die Vorstellungen und Erfahrungen eines Touristen haben mit der Wirklichkeit ohnehin nicht viel zu tun. Dieser sucht ja geradezu den „schönen Schein", um seiner Alltagswelt zu entfliehen (siehe auch 3.1 – Die „touristische Brille"). Im Urlaub geht es ganz wesentlich um die Realisierung von Fantasien und Träumen; die Einbildungskraft ist eine seiner zentralen Triebkräfte.

Ästhetisierung prägt seit jeher jedes touristische Reisen (siehe 7.1 – Ästhetisierte Werbelandschaften) Die (dosierte) Spannung des Ungewohnten und des Gegensatzes hängt dabei nicht von der ‚Echtheit' oder ‚Künstlichkeit' ab; sie bildet sich im Verhältnis zum Normalleben heraus, das jeder für sich selbst definiert (vgl. HENNIG 1997, S. 103). Eine total unberührte und nicht ästhetisierte Natur wird gar nicht als angenehm oder erholsam, sondern vielmehr als düster und abweisend empfunden (siehe 2.1 – Die ästhetische Landschaft). Generell ist touristische Wahrnehmung nicht realistischer als Literatur, Film, Werbung und bildende Kunst, so HENNIG (1998, S. 7-9). Dem heutigen Reisenden gehe es eben nicht mehr vorrangig um die Erkenntnis fremder Länder; er sucht vielmehr nach Bildern, die in der kollektiven Imagination vorgeprägt sind. Gerade das Wiedererkennen von schon Bekanntem schafft Befriedigung.

„Wenn man genau hinschaut, dann sind alle Infomaterialien voll von entleerten und entzeitlichten Bildern. Und sind einmal Menschen abgebildet, dann sind es zum einen glaubwürdige Referenzindividuen – also Touristen –, die den Raum für sich allein besetzen. Und zum anderen präsentieren die Bilder dem Touristen dienende und/oder ihm zur Anschauung freigegebene Einheimische" (WÖHLER 2001, S. 85).

Tourismuswerbung schafft eine besondere Raum-Realität. Letztlich ist sie dabei eher *Spiegel* der Vorstellungen unserer Gesellschaft als dass sie unsere Wahrnehmung in besonderer Weise präformiert. Angesichts des kunterbunten Medienangebots stellt sich ohnehin die Frage, ob überhaupt noch hinreichend prägnante Erwartungen erwachen können. Werbesprache und Prospektgestaltung operieren überall nach dem gleichen Muster und suchen nach Originalitäten und Superlativen: größtes zusammenhängendes Waldgebiet, längster Höhenwanderweg, älteste Kuckucksuhr etc.

Tourismusmarketing *kann* letztlich nur so funktionieren. Der Verkauf eines Raumes über Bilder dient zur „Verdinglichung" des Produktes „Urlaub", welches ja vorher nicht testbar ist. Sie sind eine Art Surrogat dafür, dass der Tourist im Voraus imaginieren kann (vgl. ebd., S. 84f.). Eine gewisse „Verhaltenssteuerung" ist im Grunde auch erwünscht. Die aufgebotene Bilderwelt stellt vielen die benötigte „Urlaubsanleitung" zur Verfügung. Werbebilder mögen teilweise albern erscheinen, aber sie sprechen die potenziellen Gäste in einer ihnen verständlichen Sprache an, weil sie sich in den Bildern wiederfinden. Und diese Übereinstimmung sei ein glaubwürdiges Signal dafür, dass der fremde Raum in der konstruierten Form tatsächlich vorhanden ist, so WÖHLER (2001[1], S. 85). Touristenströme lassen sich nur begrenzt gezielt lenken, denn „ihre wesentlichen Triebkräfte liegen in einem Fundus kulturell überlieferter Bilder der ‚imaginären Geographie'. Was die Tourismusentwicklung der DDR betrifft, spricht SPODE (1996, S. 28) zwar von *Potemkinscher* Modernisierung, relativiert aber ebenso die Tragweite subtiler politischer Indoktrinationen:

> *„Mochte das Regime auch unablässig und zutreffend auf die ‚Errungenschaften' im Reiseverkehr verweisen – abgesehen davon, dass ihm niemand mehr Glauben schenkte – es zeigte damit nur, dass es das Prinzip des Konsums im Allgemeinen und des Tourismus im Besonderen nicht verstanden hatte: nämlich Träger sozialer Bedeutungen zu sein"* (ebd., S. 15).

Zunächst einmal sind die Klischees einer aufgeladenen Urlaubslandschaft also moralisch in keiner Weise verwerflich. Die These, ausschließlich Werbung lenke und beeinflusse durch die Erzeugung künstlicher Images das Verhalten der Touristen, ist zu verwerfen.

Reiseführer oder Heimatbücher beteuern jedoch die Ursprünglichkeit eines Schwarzwaldes und eines Thüringer Waldes und lehnen die klischeebehafteten Images, mit denen das Tourismusmarketing arbeitet, ab. Sie fühlen sich von eben jenen immer wiederkehrenden und begrenzten Standard-Assoziationen in ihrer kulturellen Existenz bedroht. Bücher wie „Der Schwarzwald. Naturvielfalt in einer alten Kulturlandschaft" (Schwarzwaldverein e. V. 2001) oder „Das große Buch vom Schwarzwald" (HAUBRIG/HUG 1991) wollen ein möglichst realistisches Bild zeichnen. Den Autoren ist es bspw. wichtig,

> *„den Schwarzwald genetisch, d. h. in und aus seiner Entwicklung zu betrachten. Landschaft und Lebensraum sind gewachsen und geworden und verändern sich noch immer ... Um die Region zu verstehen, muss man sie im Blick auf Herkunft und Zukunft betrachten"* (ebd., S. 5).

Auch der Schwarzwaldverein e. V. setzt sich gegen die gängigen Klischees vom Schwarzwald zur Wehr:

> *„Bollenhüte, Kuckucksuhren, die Mühle klappert am rauschenden Bach und dazu bläst der Wind durch dunkle Tannenwälder – ursprüngliche, unberührte Natur? Diese süßlichen Klischees haben den Schwarzwald immerhin zum bekanntesten*

deutschen Mittelgebirge gemacht und vermitteln dennoch nur ein weit von der Wirklichkeit entferntes Bild. Dem Bollenhut und der Kuckucksuhr begegnet man vor allem in Andenkenläden, die klappernde Mühle steht entweder im Freilichtmuseum oder sie wurde zum Wochenendhaus umgebaut. Rauschende Bäche findet man reichlich, dunkle Tannenwälder dagegen sind die Ausnahme" (ebd. 2001, S. 7).

Trotz der touristischen Erschließung, trotz Umweltverschmutzung und Schädlingsanfälligkeit jüngerer Fichtenaufforstungen sei die Ursprünglichkeit des Thüringer Waldes weitestgehend erhalten geblieben, so ein Reiseführer (vgl. TAEGER 1992, S. 10, 24 f. sowie KRÄHAHN u. a. 1989, S. 19). Ein anderer entzaubert das literarische Raumbild von Richard Wagner: Der heutige Wanderer werde beim Anblick der „Venushöhle" eine leichte Enttäuschung nicht verbergen können, wenn seine Vorstellungen vom „Tannhäuser" geprägt sind, denn Wagner hat den Handlungsort stark idealisiert und romantisiert (vgl. WOLFF 1991, S. 73).

Alternative Informationsmedien versuchen das kommerzialisierte Image zu korrigieren, indem sie die Gewachsenheit und Vielfalt der Natur- und Kulturlandschaft betonen. Diese stelle schließlich keinen geschlossenen Lebensraum mit einheitlicher landsmannschaftlicher Identifikation dar. Kleinräume – Täler oder Hochflächen – pflegen verschiedene Kulturen und Lebensformen, von den Trachten über die Architektur bis hin zum Dialekt (vgl. HAUBRIG/HUG 1991, S. 15). Wenngleich der Fremdenverkehr eine wichtige Einnahmequelle darstellt, sehen viele Einwohner die zunehmende Touristifizierung ihrer Heimat durchaus kritisch. Sie legen Wert auf ihre Diversität und Individualität:

„Hat man sich erst einmal von den zähen Klischees gelöst, ist es nicht schwer, den wirklichen Schwarzwald zu entdecken. Man findet ihn fast überall ... Leicht ist es, die von Touristenscharen heimgesuchten Sehenswürdigkeiten zu umgehen und Orte zu finden, die nicht weniger sehenswert sind, nur weil weit und breit kein Andenken-Kiosk steht" (Schwarzwaldverein e. V. 2001, S. 7).

Gibt es also einen „ursprünglichen" Schwarzwald, den auch ein Tourist wahrnehmen kann, wenn er will? Viele der von Mark Twain geschaffenen literarischen Bilder könne man bis heute bei Wanderungen durch die ausgedehnten Wälder finden – positive Bilder werden selbstverständlich herausgestellt, negative aber werden hier nicht verschwiegen. So seien die eindrucksvollen Tannenwälder an vielen Stellen längst von Fichtenforsten abgelöst worden (vgl. ebd., S. 117). Ein Gefühl der Loslösung vom hektischen Alltag stelle sich aber auf jeden Fall ein, wenn man sich weit genug in den Wald zurückzieht:

„und dann außer dem Rauschen der sich im Wind wiegenden Bäume, seien es nun Tannen oder Fichten, dem Zwitschern der Vögel, dem eigenen Atem und einem gelegentlichen Rascheln im Unterholz keine Geräusche mehr vernimmt" (ebd., S. 117).

In diesem Zusammenhang appellieren Reiseführer, Heimatmuseen und Informationszentren oft zugleich auch an die Besucher zum schonenden Umgang mit der Natur: „Noch aber findet der Tourist und Wanderer im Thüringer Gebirge eine vorwiegend intakte Landschaft, deren Schönheit und Reichtum künftigen Generationen erhalten werden muss" (TAEGER 1992, S. 25).

In den 1990er Jahren, als die Grenzen des touristischen Wachstums in Deutschland erreicht schienen – Reiseintensität, -dauer und -ausgaben waren rückläufig –, sahen sich „klassische" Destinationen wie der Schwarzwald oder der Thüringer Wald beim Kampf um den Zweit- und Dritturlaub erstmals in direkter Konkurrenz zu internationalen Destinationen sowie zu neuen, erfolgreichen Freizeitgroßprojekten. Jene warteten mit entscheidenden Wettbewerbsvorteilen wie Wetterunabhängigkeit, Angebotskomplexität, neuen Themen oder Billigangeboten für Familien auf (vgl. auch FRANCK, STEINECKE und STEINER in: STEINECKE/TREINEN 1997, S. 8, 49, 174-187). Dieser Herausforderung versuchen Fremdenverkehrsverbände mit der in 4.1 – Strategisches Marketing beschriebenen Positionierung und Profilierung gerecht zu werden:

„Wenn sich auf hoch entwickelten Märkten die angebotenen Leistungen nicht mehr aufgrund von objektiven Eigenschaften auseinanderhalten lassen, sorgen innere Marken- und Firmenbilder für die Angebotsdifferenzierung" (KROEBER-RIEL 1993, S. 250).

Unter dem Druck postmoderner „McDonaldisierung" und „Disneyfizierung" werden konkrete und „unberechenbare" touristisch genutzte Räume zugunsten sicherer, wiedererkennbarer Ordnungen auf imaginärer Ebene homogenisiert. Die Imagekonzepte fungieren hier als Wahrnehmungs- und Orientierungsraster. Deren Prägnanz und gruppenspezifischer Charakter sind nunmehr die einzigen Unterscheidungskriterien (vgl. WÖHLER 1998, S. 106-108). Zwar steht es jedem frei, die angebotenen Raumideen und Images anzunehmen oder nicht. Wenn diese Erfahrungen und Erlebnisse jedoch einseitig durch bunte Werbebilder und Klischees von vornherein selektiert werden, und wenn man davon ausgeht, dass die Medien mit sich stets aufeinander beziehenden und immer gleichen Zeichen Raumbilder konstruieren (siehe 3.2 – Medien konstruieren), kann man kritisch bleiben. Das Individuum sei „dem Druck vergesellschaftender Kolonisierungen der Kulturindustrie ausgesetzt, die mehr denn je ästhetisch imprägniert sind" (vgl. HASSE 1997, S. 16-18). Und SCHMIDT (1991, S. 21) betont klar: „Sozialisation ist heute Mediensozialisation."

7.4 Zusammenfassung

Die Analyse von 100 Jahren touristischer Imagewerbung zeigt: Seit ihrem Beginn reproduzierte Tourismuswerbung strategisch zeitgemäße, kulturelle Vorstellungen von Landschaft. Die in den Bildern inszenierten Klischees und Images können als Indikatoren sozialen Wandels betrachtet werden (siehe 3.2.4 – Werbung als Indikator). Nur indem sich Werbung an den gegebenen gesellschaftlichen und ökonomischen Verhältnissen orientiert, können ihre Symbole von den Menschen auch gelesen und verstanden werden. So wandelt sie sich mit den Urlaubsstilen, lässt sich gesellschaftspolitisch vereinnahmen und kopiert die Konkurrenz – jeweils mit dem Ziel, den jeweiligen Ort oder die Region optimal zu positionieren.

Der Mensch ist aufgrund seiner Symbolfähigkeit und Sozialisation in der Lage, die Komplexität der visuellen Bedeutungsfüllungen von Räumen zu verstehen. Jeder Fremdenverkehrsverband versucht dementsprechend, geeignete *USP* herauszustellen, welche sich nachweislich im Laufe der letzten 100 Jahre kaum verändert haben (siehe 7.1 – Ästhetisierte Werbelandschaften). Die interpretierten Titelseiten zeigen durchweg bestimmte Ausschnitte der Region, welche i. d. R. auf allen Abbildungen erkennbar und identifizierbar sind.

Während man zu Beginn des Tourismus die *Natur*landschaft in den Vordergrund rückte und auf den Titelseiten auch mit mehr *sprachlichen* Zeichen operierte, repräsentierte zur Zeit des Nationalsozialismus offenbar die volkstümliche Tracht den Raum. Dies gilt sowohl für den Schwarzwald wie auch für den Thüringer Wald, was hier auf ein ideologisch gefärbtes bzw. aufoktroyiertes Nationalbewusstsein hinweist. In den 50er/60er Jahren setzte eine zunehmende Abstraktion ein: So stand ein Dreieck (eine Tanne) sinnbildlich für den Schwarzwald; anhand eines Bildes dieser Zeit lassen sich traditionell-patriarchalische Gesellschaftsstrukturen erkennen. In den 70er und 80er Jahren prägte ein architektonisches Zeichen die Region: das heimelige Schwarzwaldhaus als idyllisches Refugium in der modernen Zivilisation. Seit den 90er Jahren existieren überall fest etablierte Logos; die es wiederum erlauben, die eigentlichen *Titelbilder* leichter zu variieren. Abgesehen von den teilweise verbrämten Bildern der DDR-Zeit finden sich auf den Broschüren des Thüringer Waldes durchweg „klassische" Landschaftsabbildungen mit historischen Gebäuden. In gewissermaßen „abstrakter" Form kann auch die Farbe eines Bildrahmens zum Raumzeichen werden, wie das Grün der 90er Jahre für den Thüringer Wald beweist.

Das Phänomen der *Mimesis* – der Bezug auf schon Bekanntes (siehe 3.2 – Medien konstruieren) – tritt in der Tourismuswerbung besonders deutlich zu Tage. Außerordentlich prägnante und ästhetische Motive einer Landschaft wie das Schwarzwaldhaus kehren bis heute kanonartig in allen Medien wieder. Auch die Tracht war seit jeher für die touristische Repräsentation eines Raumes interessant. Im Zuge von Regionalisierungsbewegungen wird sie u. U. noch mehr an Bedeutung gewinnen, nicht mehr nur in „inszenierender" oder „musealisierender" Form, sondern als Ausdruck natürlicher Rückbesinnung auf regionale Werte. Solche Bildtraditionen sind in der Tat fester Bestandteil von Identifikationsprozessen, wobei augenscheinlich ähnliche Raumelemente durchaus in neuem Kontext gesehen und interpretiert werden können, was wiederum eine neue Wahrnehmung der Landschaft zur Folge hat.

Die vorliegende Arbeit sollte – als Beitrag zur touristischen Grundlagenforschung – den Prozess der Konstruktion von Raumbildern durch die Werbung für „Urlaubslandschaften" transparent machen und zugleich hinterfragen. Die Raumbilder dienten im Laufe der Zeit unterschiedlichen Zwecken, wie im Rahmen der Bildinterpretationen deutlich wurde. Es wurde aufgezeigt, nach welchen Prinzipien Werbung arbeitet. Die Fragen, die trotz allem bestehen bleiben, sind: Führt gezielt ästhetisierendes Destinationsmarketing (siehe 4 – Ökonomische Konstruktion) zur Banalisierung regionaler Werte und somit zu „Authentizitätsverlusten"? Werden also touristische Landschaften durch die Belegung mit ökonomischen Zeichen entcharakterisiert und einander immer ähnlicher bzw. wird das imaginäre Produkt „Raum" für uns völlig austauschbar? So gesehen dürfte es immer schwieriger für Destinationen werden, im Zuge eines imaginären *Outsourcing* regionale Feinheiten zu bewahren. Strategisches „Imagerying" würde sich so im Laufe der Zeit die eigene Basis entziehen.

Das Beispiel des Schwarzwaldes zeigt, wie die touristischen Potentiale bzw. Raumbilder und Klischees systematisch ausgeschöpft werden. Hier stellt sich die Frage, welche „Ikone" folgt, wenn auch die Kirschtorte (vgl. *Sw 21*) „verzehrt" ist – die Kuckucksuhr? Die könnte möglicherweise genau den Stress suggerieren, dem man aus dem Alltag zu entfliehen hofft – ein denkbar ungünstiges Motiv für einen Urlaubsprospekt. Wenn alle in Frage kommenden „klassischen" Motive verbraucht sind, kann man kreislaufartig wieder mit der ursprünglichen Natur beginnen, wie sie in der ersten Phase des Tourismus zu Beginn des 20. Jh. das räumliche Erscheinungsbild auf den Titelseiten prägte. Bei fortwährendem Waldsterben und monokultureller Nutzung bedarf dies jedoch wiederum einer Ästhetisierung. Das Beispiel vieler Wintersportorte (nicht nur) im Schwarzwald, die heute schon unter der Klimaerwärmung leiden – in den Mittelgebirgen eine Existenzfrage – zeigt, dass hier Innovationen gefragt sind (vgl. Die ZEIT 14/2002, S. 15-18).

Für den Schwarzwald ist es – dank seines deutlich ausgeprägten Profils (siehe 4.1.2 – Profilierung der Destination Schwarzwald) – relativ leicht, mit den Motiven zu spielen. Für den Thüringer Wald ist es aufgrund seines (immer noch) relativ geringeren

Bekanntheitsgrades ungleich schwieriger, visuelle Zeichen zu schaffen, die den Raum repräsentieren können, ohne gleich zu Irritationen zu führen. Das Rennsteig-R gehört zu den eindeutigen Symbolen. Die Person Goethes hingegen kann mit mehreren Orten oder Institutionen in Verbindung gebracht werden (z. B. Weimar, Frankfurt, Goethe-Institut etc.).

Als Fazit können wir festhalten: Um sich aus der Masse und der Bilderflut herauszuheben, sind nach wie vor originelle Ideen gefordert. Inwieweit aber ein professionelles (und teures) Design tatsächlich ausreichend bzw. überhaupt notwendig ist, damit eine Region auf dem Markt der Destinationen konkurrenzfähig bleibt, ist eine andere Frage. Das „Produkt" Thüringer Wald wäre diesbezüglich – wie viele andere Urlaubsregionen auch – vor eine enorme (finanzielle) Herausforderung gestellt. Damit die Werbung – bei aller Kreativität und Ironie – letztlich nicht schrittweise zu einem unmerklichen *dumbing down* des Touristen führt, brauchen wir in jedem Fall weitere und alternative Informationsangebote, die diesem die Chance lassen, den Schwarzwald oder den Thüringer Wald und jede andere Region im Urlaub auf eine andere Weise wahrzunehmen, als es die Werbung ihm vorschlägt.

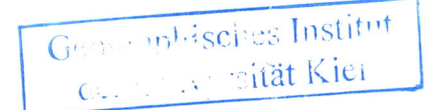

Abbildungsverzeichnis

Abbildung 1:	Schema der Wirklichkeitsebenen	28
Abbildung 2:	Der Gutacher Bollenhut: Weltweit bekanntes Symbol mit Tradition; seit 1995 in stilisierter Form Logo für den Schwarzwald-Tourismusverband	36
Abbildung 3:	Regionale Verteilung der Übernachtungszahlen in Thüringen 2001	38
Abbildung 4:	Symbol des Thüringer Waldes: Rennsteig-Beschilderung und Logo des Fremdenverkehrsverbandes Thüringer Wald	40
Abbildung 5:	Prozess der Transformation von vorhandenen Raumwelten in neue Realitäten	51
Abbildung 6:	Die profiliertesten deutschen Urlaubsregionen und ihre Profile	59
Abbildung 7:	Werbung ist Kommunikation – Die Grundstruktur der Tourismuswerbung	63
Abbildung 8:	Von der Idee zur Botschaft	66
Abbildung 9:	Modell der Wirkungspfade der Werbung	67
Abbildung 10:	Entscheidungsrelevante Informationsquellen im Tourismus	75
Abbildung 11:	Stufenaufbau der hermeneutischen Bildinterpretation	81
Abbildung 12:	Schritte der Bildanalyse	83
Abbildung 13:	Entwicklungsphasen des „modernen" Tourismus	84
Abbildung 14:	Titelseite des Prospekts *Sw 1* (um 1910)	92
Abbildung 15:	Titelseite des Prospekts *Tw 1* (zwischen 1906 und 1920)	94
Abbildungen 16-18:	„Reihe der 20er Jahre": Titelseiten der Prospekte *Tw 2* (1928), *Tw 3* (1929), *Tw 4* (um 1931)	95
Abbildung 19:	Titelseite des Prospekts *Sw 2* (um 1934)	97
Abbildung 20:	Titelseite des Prospekts *Sw 3* (1939)	99
Abbildung 21:	Titelseite des Prospekts *Tw 5* (1937)	102
Abbildung 22:	Titelseite des Prospekts *Tw 6* (1939)	103
Abbildungen 23-26:	„Die 50er und 60er Jahre": Titelseiten der Prospekte *Sw 4* (1954), *Sw 5* (1955), *Sw 6* (1960), *Sw 7* (1962)	106
Abbildung 27:	Titelseite des Prospekts *Sw 5* (1955)	107
Abbildungen 28-32:	„Architekturkanon Schwarzwaldhaus", Titelseiten der Prospekte *Sw 8* (1974), *Sw 9* (1975), *Sw 10* (1980), *Sw 11* (1984), *Sw 12* (1985)	109
Abbildung 33:	Titelseite des Prospekts *Tw 7* (1963)	112
Abbildung 34:	Titelseite des Prospekts *Tw 8* (1979)	114
Abbildung 35:	Titelseite des Prospekts *Tw 9* (1984)	115

Abbildungen 36-37:	Titelseiten der Prospekte *Sw 13* (1986), *Sw 14* (1987)	119
Abbildungen 38-39:	Titelseiten der Prospekte *Sw 15* (1988), *Sw 16* (1993)	120
Abbildungen 40-41:	Titelseiten der Prospekte *Sw 17* (1995), *Sw 18* (1996/97)	121
Abbildungen 42-43:	Titelseiten der Prospekte *Sw 19* (1996), *Sw 20* (1998/99)	123
Abbildung 44:	Titelseite des Prospekts *Tw 10* (um 1990)	124
Abbildung 45:	Titelseite des Prospekts *Tw 11* (um 1997)	126
Abbildung 46:	Titelseite des Prospekts *Tw 12* (um 1993)	127
Abbildung 47:	Titelseite des Prospekts *Tw 13* (seit 1999)	129
Abbildung 48:	Titelseite des aktuellen Prospekts *Sw 21* (2000/01)	130
Abbildung 49-57:	Bildbotschaften deutscher Urlaubsregionen (Titelbilder ausgewählter Imagebroschüren, Auflage 2001)	132

Tabellenverzeichnis

Tabelle 1:	Die Landschaft als Urlaubspriorität Nr. 1	21
Tabelle 2:	Urlauber im Thüringer Wald nach Herkunft 2001 (Deutschland)	37
Tabelle 3:	Herkunft der inneren Bilder	47
Tabelle 4:	Touristischer Steckbrief der Region Schwarzwald	61
Tabelle 5:	Touristischer Steckbrief der Region Thüringer Wald	62
Tabelle 6:	Prospektverteilung von Schwarzwald und Thüringer Wald 2001	64
Tabelle 7:	Farbassoziationen der Deutschen zu ausgewählten emotionalen Eigenschaftswörtern	72
Tabelle 8:	Entwicklung des Fremdenverkehrs in Finsterbergen in den 30er Jahren	101

Literaturverzeichnis

Monographien

Aschauer, Wolfgang: Landeskunde als adressatenorientierte Form der Darstellung. Ein Plädoyer mit Teilen einer Landeskunde des Landesteils Schleswig. Flensburg 2002.
Baedeker, Karl: Schwarzwald Odenwald Neckartal. Reisehandbuch von Karl Baedeker. Lahr/ Schwarzwald 1956.
Bätzing, Werner: Die Alpen. Entstehung und Gefährdung einer europäischen Kulturlandschaft. München 1991.
Benthien, Bruno: Geographie der Erholung und des Tourismus. Gotha 1997.
Bieger, Thomas: Management von Destinationen und Tourismusorganisationen. München, Wien 2000.
Brosius, Hans-Bernd; Koschel, Friederike: Methoden der empirischen Kommunikationsforschung. Wiesbaden 2001.
Cassirer, Ernst: Wesen und Wirkung des Symbolbegriffs. Darmstadt 1983.
Cosgrove, Denis. E.: Social Formation and Symbolic Landscape. London 1984.
Eckart, Karl [Hrsg.]: Deutschland. Gotha 2001.
Fasshoff, Wiebke: Die Entwicklung der Fremdenverkehrsförderung. Verbesserung der regionalen Wirtschaftsstruktur. Trier 1998.
Frank, Manfred [Hrsg.]: Das Kalte Herz. Texte der Romantik. Frankfurt/ M. 1987.
Fremdenverkehrsverband Thüringer Wald e. V. [Hrsg.]: Gästebefragung 2001. Suhl 2002.
Freyer, Walter: Tourismus. Einführung in die Fremdenverkehrsökonomie. München 1995.
Freyer, Walter: Tourismus-Marketing. Marktorientiertes Management im Mikro- und Makrobereich der Tourismuswirtschaft. München, Wien 2001.
Gebauer, Gunter; Wulf, Christoph: Mimesis. Kultur, Kunst, Gesellschaft. Reinbeck bei Hamburg 1992.
Grossmann, Ralph [Hrsg.]: Kulturlandschaftsforschung. Wien, New York 1999.
Grundmann, Luise [Hrsg.]: Saalfeld und das Schiefergebirge. Eine landeskundliche Bestandsaufnahme im Raum Saalfeld, Leutenberg und Lauenstein. Köln, Weimar u. a. 2001.
Haerich, Günther, Kaspar, Claude u. a. [Hrsg.]: Tourismus-Management. Berlin, New York 1998.
Hard, Gerhard: Die ‚Landschaft' der Sprache und die ‚Landschaft' der Geographen. Semantische und forschungslogische Studien. Bonn 1970.
Hartmann, Klaus D.: Zur Psychologie des Landschaftserlebens im Tourismus. Starnberg 1982.
Hasse, Jürgen: Heimat und Landschaft. Über Gartenzwerge, Center Parcs und andere Ästhetisierungen. Wien 1993.
Hasse, Jürgen: Mediale Räume. Oldenburg 1997.
Haubrig, Harwig; Hug, Wolfgang u. a.: Das große Buch vom Schwarzwald. Stuttgart 1991.
Helbrecht, Ilse: Stadtmarketing. Konturen einer kommunikativen Stadtentwicklungspolitik. Basel, Boston u. a. 1994.

HERBNER, Detlef: Titisee-Neustadt. Eine Stadtgeschichte. Titisee-Neustadt 1995.
HUNOLD, Gerfried F. [Hrsg.]: Medien, Wahrnehmung, Ethik. Tübingen u. a. 2001.
ISENBERG, W. [Hrsg.]: Kathedralen der Freizeitgesellschaft. Kurzurlaub in Erlebniswelten. Bergisch Gladbach 1998.
JOB, Hubert: Der Wandel der historischen Kulturlandschaft und sein Stellenwert in der Raumordnung. Flensburg 1999.
JÜNGST, Peter u. a. [Hrsg.]: Innere und äußere Landschaften. Zur Symbolbelegung und emotionalen Besetzung räumlicher Umwelt. Kassel 1984.
KERN, Alexandra: Profil und Profilierung deutscher Urlaubsregionen unter besonderer Berücksichtigung der Mittelgebirge. Trier 2001.
KÖHNKE, Klaus C.; KÖSSER, Uta u. a. [Hrsg.]: Prägnanzbildung und Ästhetisierung in Bildangeboten und Bildwahrnehmungen. Leipzig 2001.
KRÄHAHN, Gerhard, Rosenkranz, Erhard u. a. [Hrsg.]: Thüringer Wald und nördliches Vorland. Kleiner Exkursionsführer. Gotha 1989.
KROEBER-RIEL, Werner: Bildkommunikation. Imagerystrategien für die Werbung. München 1993.
LASH, Scott; URRY, John: Economy of signs and space. London u. a. 1994.
LESCH, Walter: Medienethik unter „postmodernen" Bedingungen. In: HOLDEREGGER, Adrian [Hrsg.]: Ethik der Massenkommunikation. Freiburg i. Br., Wien 1992.
LIEDTKE, Herbert: Namen und Abgrenzungen deutscher Landschaften. Trier 1984.
LOEWY, Wilhelm [Hrsg.]: Der große Thüringer. Illustriertes Thüringer Kursbuch und Verkehrsbuch, Sommer 1911. Erfurt 1911.
MADER, Richard: Der Thüringer Wald und die Dichterstädte. Niederhausen/ Ts. 1990.
MEYER, Silvia: Kommunikation im Tourismus. Trier 1995.
OSCHMANN, Alfred: Ein Streifzug durch die Geschichte von Finsterbergen. Finsterbergen 1991.
PÖTTLER, Burkhard [Hrsg.]: Tourismus und Regionalkultur. Wien 1994.
PRIGGE, Walter [Hrsg.]: Die Materialität des Städtischen. Stadtentwicklung und Urbanität im gesellschaftlichen Umbruch. Basel, Boston 1987.
REITER, Nikolaus u. a.: Uriger Schwarzwald. Altes Handwerk, Bräuche, Trachten. Freiburg i. Br. 1987.
RÖSSLER, Patrick: Dallas und Schwarzwaldklinik. Eine Programmstudie über Seifenopern im deutschen Fernsehen. München 1988.
SCHERLE, Nicolai: Gedruckte Urlaubswelten. Kulturdarstellungen in Reiseführern. Das Beispiel Marokko. München, Wien 2000.
SCHMIDER, Karin: Prospektformate in der Fremdenverkehrswerbung. München 1985.
SCHMIDT, Siegfried J.: Ästhetik, Pragmatik und Geschichte der Bildschirmmedien. Werbewirtschaft als System. Siegen 1991.
SCHMIDT, Siegfried J.: Die Welten der Medien. Grundlagen und Perspektiven der Medienbeobachtung. Braunschweig/ Wiesbaden 1996.
SCHNEIDERET, Otto: Operettenbuch. Berlin 1955.
SCHULZE, Gerhard: Die Erlebnisgesellschaft. Kultursoziologie der Gegenwart. Frankfurt/ M., New York 1992.
Schwarzwald Tourismusverband e. V. [Hrsg.]: Ergebnisse der Befragung zur Marketingstrategie. Freiburg i. Br. 1992.

Schwarzwald Tourismusverband e. V. [Hrsg.]: Jahres- und Informationsbericht 1997/1998. Freiburg i. Br. 1998.
Schwarzwald Tourismusverband e. V. [Hrsg.]: Schwarzwald Gäste-Journal Frühjahr 1999. Freiburg i. Br. 1999.
Schwarzwald Tourismusverband e. V. [Hrsg.]: Jahres- und Informationsbericht 2000/2001. Freiburg i. Br. 2001.
Schwarzwaldverein e. V. [Hrsg.]: Der Schwarzwald. Naturvielfalt in einer alten Kulturlandschaft. Karlsruhe 2001.
Studienkreis für Tourismus e. V. [Hrsg.]: Urlaubsreisen 1990. Kurzfassung der Reiseanalyse 1990. Starnberg 1991.
SPODE, Hasso: Zur Geschichte des Tourismus. Eine Skizze der Entwicklung der touristischen Reisen in der Moderne. Starnberg 1987.
SPODE, Hasso [Hrsg.]: Zur Sonne, Zur Freiheit! Beiträge zur Tourismusgeschichte. Berlin 1991.
TAEGER, Frank; ULBRICHT, Antje: Thüringer Wald. Radebeul 1992.
URRY, John: The tourist gaze. Leisure and travel in contemporary societies. London u. a. 1990.
WOLFF, Jürgen: Literaturreisen Thüringer Wald. Stuttgart, Dresden 1991.
WOLLE, Stefan: Die heile Welt der Diktatur. Alltag und Herrschaft in der DDR 1971 – 1989. Bonn 1999.
WORMBS, Brigitte: Über den Umgang mit Natur. Landschaft zwischen Illusion und Ideal. Basel, Frankfurt/M. 1981.

Aufsätze und Periodika

BALLSTAEDT, Steffen-Peter: Wozu dienen Bilder? Zur Funktion der Bebilderung in Reiseführern. In: FRANZMANN, Bodo; GOHLIS, Tobias u. a.: Reisezeit – Lesezeit. Dokumentation der Reiseliteratur-Fachtagungen der Stiftung Lesen in Apolda, Weimar und Leipzig (1996 – 1999). Mainz, München 1999, S. 60-69.
BRANDT, Herbert: Probleme der Werbung für Reiseunternehmen. In: StfT e. V. [Hrsg.]: Werbung im Tourismus. Starnberg 1973, S. 65-70.
CAHNMANN, D. : Schwarzwaldfahrt. In: Karlsruher Tagblatt (Sonderausgabe; o. J.).
CRANG, Mike: Picturing practices: research through the tourist gaze. In: Progress in Human Geography 3/1997, London 1997, S. 359-373.
CRANG, Mike: Image-reality. In: CLOKE, Paul; CRANG, Philip, u. a. [Hrsg.]: Introducing Human Geographies. London, New York 1999, S. 54-61.
ELSEN, Markus: Zielgebietsmarketing im erdgebundenen Tourismus. Die Kirchturmpolitik hat mittlerweile ausgedient. In: FVW-International 6/2000 (Sonderausgabe ITB 2000). Hamburg 2000, S. 222-223.
FALLER, Heike: Todtmoos, kein Wintermärchen. In: Die ZEIT 14/2002. Hamburg 2002, S. 15-18.
FRANCK, Jochen; PETZOLD, Silke u. a.: Freizeitparks, Ferienzentren, Virtuelle Attraktionen – die Ferien- und Freizeitwelt von morgen? In: STEINECKE, Albrecht; TREINEN, Mathias [Hrsg.]: Inszenierung im Tourismus. Trends, Modelle, Prognosen. Trier 1997, S. 174-187.

FUHRMANN, Gundel: Der Urlaub der DDR-Bürger in den späten 60er Jahren. In: SPODE, Hasso [Hrsg.]: Goldstrand und Teutonengrill. Kultur- und Sozialgeschichte des Tourismus in Deutschland 1945 bis 1989. Berlin 1996, S. 35-49.

GERNDT, Helge: Innovative Wahrnehmung im Tourismus. In: KÖCK, Christoph [Hrsg.]: Reisebilder. Produktion und Reproduktion touristischer Wahrnehmung. Münster 2001, S. 11-20.

GOHLIS, Tobias: Vom Gilgamesch-Epos zur CD-ROM. Ein Ritt durch die Geschichte der Reisebücher. In: FRANZMANN, Bodo; GOHLIS, Tobias u. a.: Reisezeit – Lesezeit. Dokumentation der Reiseliteratur-Fachtagungen der Stiftung Lesen in Apolda, Weimar und Leipzig (1996 – 1999). Mainz, München 1999, S. 13-22.

HARTMANN, Klaus D.: Zur Gestaltung von Titelseiten bei Urlaubskatalogen und -prospekten. In: Studienkreis für Tourismus e. V. [Hrsg.]: Werbung im Tourismus. Starnberg 1973, S. 59-64.

HARTMANN, Klaus D.: Wie wirken Fremdenverkehrsplakate? In: StfT e. V. [Hrsg.]: Reisemotive, Länderimages, Urlaubsverhalten. Neue Ergebnisse der psychologischen Tourismusforschung. Starnberg 1981, S. 247-252.

HENNIG, Christoph: Der schöne Schein: Gemeinsamkeiten von ‚authentischen Reisen' und ‚künstlichen Urlaubswelten'. In: STEINECKE, Albrecht; TREINEN, Mathias [Hrsg.]: Inszenierung im Tourismus. Trends, Modelle, Prognosen. Trier 1997, S. 98-105.

HENNIG, Christoph: Reisen und Imagination. In: Voyage. Jahrbuch für Reise- & Tourismusforschung (Das Bild der Fremde. Reisen und Imagination). Köln 1998, S. 7-9.

HENNIG, Christoph: Die Botschaft der Bilder. Illustrationen in Reiseführern. Eine empirische Untersuchung. In: FRANZMANN, Bodo; GOHLIS, Tobias u. a.: Reisezeit – Lesezeit. Dokumentation der Reiseliteratur-Fachtagungen der Stiftung Lesen in Apolda, Weimar und Leipzig (1996 – 1999). Mainz, München 1999, S. 47-59.

HITZLER, Ronald: Hermeneutik in der deutschsprachigen Soziologie heute. In: HITZLER, Ronald; HONER, Anne [Hrsg.]: Sozialwissenschaftliche Hermeneutik. Eine Einführung. Opladen 1997, S. 7-27.

IRMSCHER, Gerlinde: Alltägliche Fremde. Auslandsreisen in der DDR. In: SPODE, Hasso [Hrsg.]: Goldstrand und Teutonengrill. Kultur- und Sozialgeschichte des Tourismus in Deutschland 1945 bis 1989. Berlin 1996, S. 50-67.

KAGELMANN, H. Jürgen: Touristische Medien. In: HAHN, Heinz; KAGELMANN, H. Jürgen [Hrsg.]: Tourismuspsychologie und Tourismussoziologie. Ein Handbuch zur Tourismuswissenschaft. München 1993, S. 469-478.

KARMASIN, Helene: Die Wahrnehmung von Bildern in der Fremdenverkehrswerbung. In: StfT e. V. [Hrsg.]: Reisemotive, Länderimages, Urlaubsverhalten. Neue Ergebnisse der psychologischen Tourismusforschung. Starnberg 1981, S. 253-268.

KATZUNG, Hans-Hermann; BISCHOF, Rolf: Aus der Geschichte Finsterbergens. In: Gemeinde- und Kurverwaltung Finsterbergen [Hrsg.]: Festschrift 850 Jahre Finsterbergen 1141 – 1991. Finsterbergen 1991, S. 4-22.

KRAMER, Gerd: Meinungen über deutsche Landschaften. In: StfT e. V. [Hrsg.]: Reisemotive, Länderimages, Urlaubsverhalten. Neue Ergebnisse der psychologischen Tourismusforschung. Starnberg 1981, S. 131-139.

LAZZAROTTI, Olivier: Tourismus. Von Orten und Menschen. In: Voyage. Jahrbuch für Reise- & Tourismusforschung (Tourismus verändert die Welt – aber wie?). Köln 2001, S. 72-78.

LETTL-SCHRÖDER, Maria: Spurensuche nach dem Phänomen des Reisens. In: FVW-International. 5/2001 (Sonderausgabe ITB 2001). Hamburg 2001, S. 222-229.
MACKAY, Kelly J.; FESENMAIER, Daniel R.: Pictorial Element of Destination in Image Formation. In: Annals of tourism research 3/1997. Oxford 1997, S. 537-565.
MEYER, Wolfgang: Die Durchführung von Konzept- und Slogan-Tests für die Reise-Werbung. In: StfT e. V. [Hrsg.]: Werbung im Tourismus. Starnberg 1973, S. 43-50.
MÜLLENMEISTER, Horst M.: Spiegelungen und Vorspiegelungen. Infotainment oder kulturelle Animation. In: STEINECKE, Albrecht; TREINEN, Mathias [Hrsg.]: Inszenierung im Tourismus. Trends, Modelle, Prognosen. Trier 1997, S. 106-117.
MÜLLER-DOOHM, Stefan: Bildinterpretation als struktural-hermeneutische Symbolanalyse. In: HITZLER, Ronald; HONER, Anne [Hrsg.]: Sozialwissenschaftliche Hermeneutik. Eine Einführung. Opladen 1997, S. 81-108.
NASH, Catherine: Landscapes. In: CLOKE, Paul; CRANG, Philip, u. a. [Hrsg.]: Introducing Human Geographies. London, New York 1999, S. 217-225.
o. V.: Gutes Jahr für den Fremdenverkehr. Finsterbergen feierte 1938 ein Jubiläum. In: Finsterberger Zeitung 302/1938. Finsterbergen 1938, S. 5.
o. V.: Der Schwarzwälder Schinken. In: Der Spiegel 44/1985 Hamburg 1985, S. 290-304.
o. V.: Von der Kunst, deutsche Destinationen zu vermarkten. Leicht buchbare Produkte und hohe Service-Qualität. In: FVW-International 6/2000 (Sonderausgabe ITB 2000). Hamburg 2000, S. 224.
o. V.: Schöne Ferien – Das macht sie aus. In: GLOBO. Das Reisemagazin 9/2001. München 2001, S. 8.
ROLSHOVEN, Johanna: Wein, Weib und Gesang! Kulinarische Reisebilder als Sehnsuchtsträger im Medium Werbung. In: KÖCK, Christoph [Hrsg.]: Reisebilder. Produktion und Reproduktion touristischer Wahrnehmung. Münster 2001, S. 135-150.
ROTH, Hans: Ehrung für August Trinius anlässlich seines 150. Geburtstages. In: Hörselberg-Bote. Zeitschrift im Heimatverlag Hörselberg 45/2001. Schönau 2001, S. 5-9.
SCHEMM, Veronika; UNGER, Klemens: Die Inszenierung von ländlichen Tourismusregionen. Erfahrungen aus touristischen Kampagnen in Ostbayern. In: STEINECKE, Albrecht; TREINEN, Mathias [Hrsg.]: Inszenierung im Tourismus. Trends, Modelle, Prognosen. Trier 1997, S. 30-46.
SCHILDT, Axel: Die kostbarsten Wochen des Jahres. Urlaubstourismus der Westdeutschen (1945 – 1970). In: SPODE, Hasso [Hrsg.]: Goldstrand und Teutonengrill. Kultur- und Sozialgeschichte des Tourismus in Deutschland 1945 bis 1989. Berlin 1996, S. 68-85.
SCHNEIDER, Birgit: Ansichtskarte. In: HAHN, Heinz; KAGELMANN, H. Jürgen [Hrsg.]: Tourismuspsychologie und Tourismussoziologie. Ein Handbuch zur Tourismuswissenschaft. München 1993, S. 427-432.
SCHRUTKA-RECHTENSTAMM, Adelheid: Sehnsucht nach Natürlichkeit. Bilder vom ländlichen Leben im Tourismus. In: Voyage. Jahrbuch für Reise- & Tourismusforschung (Das Bild der Fremde. Reisen und Imagination). Köln 1998, S. 85-96.
SCHRUTKA-RECHTENSTAMM, Adelheid: Die ursprünglichen Kreisläufe wieder schließen. Touristische Bilder von Natur. In: KÖCK, Christoph [Hrsg.]: Reisebilder. Produktion und Reproduktion touristischer Wahrnehmung. Münster 2001, S. 21-30.
SCHWARZ, Jürgen: Über die vergeudeten Werbemillionen der Touristikbranche. Ketzereien eines Praktikers. In StfT e. V. [Hrsg.]: Werbung im Tourismus. Starnberg 1973, S. 7-12.

SPODE, Hasso: Geschichte des Tourismus. In: HAHN, Heinz; KAGELMANN, H. Jürgen [Hrsg.]: Tourismuspsychologie und Tourismussoziologie. Ein Handbuch zur Tourismuswissenschaft. München 1993, S. 3-9.

SPODE, Hasso: Tourismus in der Gesellschaft der DDR. Eine vergleichende Einführung. In: SPODE, Hasso [Hrsg.]: Goldstrand und Teutonengrill. Kultur- und Sozialgeschichte des Tourismus in Deutschland 1945 bis 1989. Berlin 1996, S. 11-34.

STEINECKE, Albrecht: Inszenierung im Tourismus. Motor der künftigen touristischen Entwicklung. In: STEINECKE, Albrecht; TREINEN, Mathias [Hrsg.]: Inszenierung im Tourismus. Trends, Modelle, Prognosen. Tricr 1997, S. 7-17.

STEINECKE, Albrecht: Die Inszenierung der Ferien. Neue Trends im Tourismus und ihre Konsequenzen für die Reiseliteratur. In: FRANZMANN, Bodo; GOHLIS, Tobias u. a.: Reisezeit – Lesezeit. Dokumentation der Reiseliteratur-Fachtagungen der Stiftung Lesen in Apolda, Weimar und Leipzig (1996 – 1999). Mainz, München 1999, S. 40-46.

STEINER, Jürgen: Die Nutzung historischer und kultureller Potentiale für den Tourismus im Münsterland. In: STEINECKE, Albrecht; TREINEN, Mathias [Hrsg.]: Inszenierung im Tourismus. Trends, Modelle, Prognosen. Trier 1997, S. 47-61.

TRINIUS, August: Geleitwort. In: LOEWY, Wilhelm [Hrsg.] (1911): Der große Thüringer. Illustriertes Thüringer Kursbuch und Verkehrsbuch, Sommer 1911 Erfurt 1911, S. 2-4.

WERNER, Wolfgang: Probleme der Werbung für Reiseländer. In: StfT e. V. [Hrsg.]: Werbung im Tourismus. Starnberg 1973, S. 89-92.

WILDE, Alexander: Zwischen Zusammenbruch und Währungsreform. Fremdenverkehr in den westlichen Besatzungszonen. In: SPODE, Hasso [Hrsg.]: Goldstrand und Teutonengrill. Kultur- und Sozialgeschichte des Tourismus in Deutschland 1945 bis 1989. Berlin 1996, S. 86-103.

WILDE, Alexander: ‚Heimatliebe' und ‚Verkehrsinteressen'. Zur Entstehung organisierter Tourismuswerbung und -förderung im Kaiserreich. In: Voyage. Jahrbuch für Reise- & Tourismusforschung (Das Bild der Fremde. Reisen und Imagination). Köln 1998, S. 115-127.

WÖHLER, Karlheinz: Imagekonstruktion fremder Räume. Entstehung und Funktion von Bildern über Reiseziele. In: Voyage. Jahrbuch für Reise- & Tourismusforschung (Das Bild dcr Fremde. Reisen und Imagination). Köln 1998, S. 97-114.

WÖHLER, Karlheinz[1]: Aufhebung von Raum und Zeit. Realitätsverlust, Wirklichkeitskonstruktion und Inkorporation von Reisebildern. In: KÖCK, Christoph [Hrsg.]: Reisebilder. Produktion und Reproduktion touristischer Wahrnehmung. Münster 2001, S. 79-88.

WÖHLER, Karlheinz[2]: Konvergenz von Destinationen und Freizeitparks – Zur postmodernen Organisation des Tourismuskonsums. In: KREILKAMP, Edgar u. a. [Hrsg.]: ‚Gemachter' oder ‚gelebter' Tourismus? Destinationsmanagement und Tourismuspolitik. Wien 2001, S. 101-116.

Internetquellen

www.media-deluxe.de/media/domainnamen.htm letzter Zugriff 9. September 2005

Anhang

Fragebogen

Interview 1: Herr Hubert Matt-Willmatt,
Pressebüro Schwarzwald Tourismusverband, Freiburg i.Br.
Interview 2: Herr Mathias Brückner,
Marketing Fremdenverkehrsverband Thüringer Wald, Suhl

1. **Allgemeine Fragen zum Prospekt: Herstellung, Auflage, Distribution**
   – *Die folgenden Fragen beziehen sich auf Ihre aktuelle Image-Broschüre 2001 bzw. 2002.* –

   Seit wann geben Sie einen solchen Prospekt für die *gesamte* Region heraus?
   Seit 19 _____

   Und wie oft wird er aufgelegt?
   ❏ jährlich   ❏ nach Bedarf   ❏ anders: _____

   Wie hoch ist die Gesamtauflage des Prospekts? _____ Stück/ Jahr (2001)

   Wie hoch ist etwa der Etat dafür? _____ Euro

   Wer ist für die Redaktion (Text und Bild) verantwortlich und wie ist die Arbeit aufgeteilt?
   ❏ im Hause   ❏ Werbeagentur   ❏ teils teils   ❏ anders: _____

   Wer hat Einfluß auf Inhalt und Layout des Katalogs? _____

   Wie verteilen Sie Ihre Prospekte? (Mehrfachantworten möglich)
   ❏ Auf Anfrage verschickt: _____ Stück pro Jahr (2001)
   ❏ Auf Messen ausgegeben: _____ Stück pro Jahr (2001)
   ❏ (Anders): _____ Stück pro Jahr (2001)

   Auf welchen Messen/ Tagungen etc. verteilen Sie die Prospekte?
   ❏ ITB Berlin   ❏ CBR München   ❏ CMT Stuttgart
   ❏ Reisemarkt Köln International   ❏ Touristik & Caravaning Leipzig
   ❏ andere: _____

2. **Fragen zur Gestaltung der Werbung**

   Zunächst einmal *Ihre* Meinung zum aktuellen Prospekt: Wie zufrieden sind Sie mit dem derzeitigen Erscheinungsbild? _____

Wissen Sie, wie *Ihre Kunden/* Gäste den Katalog beurteilen?
❏ Gefällt, weil _____
❏ Gefällt nicht, weil _____ ❏ Weiß nicht

Welche Farben bevorzugen Sie und warum? _____

Hat die Region eine „eigene Farbe"? ❏ ja: _____ ❏ nein

Seit wann gibt es das Logo für die Region als *Ferienregion*?   Seit 19 _____

Was bedeutet das Logo, und wo wurde es entworfen? _____
_____

In letzter Zeit gehen Reisemagazine und auch die Reisewerbung von der reinen Landschaftsdarstellung zu mehr Menschen im Bild über. Was halten Sie davon? _____

3. **Zur Titelseite des *aktuellen* Prospekts**

Welches Motiv haben Sie für die Titelseite ausgewählt? _____

Nach welchen Kriterien haben Sie das Titelbild ausgewählt? _____
_____

Was soll die Titelseite *insgesamt* aussagen? _____

Wie typisch ist das Bild ihrer Meinung nach für die *gesamte* Region?
_____

4. **Zum Image der Region und ihrer Landschaft**

Was ist Ihrer Meinung nach das Besondere und das Einmalige der Region?
_____

Woran erkennt man sofort, daß man im *(Schwarzwald/ Thüringer Wald)* ist?
_____

Wenn *Sie* die Region mit wenigen Sätzen oder Stichworten beschreiben müßten, welche sind das? _____

Und was verbinden *Ihre Gäste* mit Ihrer Region? (Gibt es evtl. eine Imagestudie mit Gästebefragungen zur Region?) _____

Mit anderen Worten: Wie sehr ist die Region in Gesamtdeutschland bekannt? Und Wodurch? _____

Gibt es Ihrer Ansicht nach hinsichtlich Bekanntheitsgrad bzw. Image ihrer Region Unterschiede zwischen den neuen und den alten Bundesländern? Wenn ja welche?
- Neue Bundesländer: _____
- Alte Bundesländer: _____

Können Sie abschätzen, inwiefern die Gäste auf die Region als Ferienregion aufmerksam werden? (bitte jeweils ankreuzen)

	1 = sehr stark	2 = etwas	3 = kaum	4 = gar nicht	5 = weiß nicht
1. Empfehlung durch Freunde/ Bekannte					
2. Kennen ihn schon von früher her					
3. Rundfunk					
4. TV-Filme, - reportagen					
5. Zeitschriften (Artikel, Reportagen, ...)					
6. Ihre Internet-Homepage					
7. Ihre Werbung (Plakate, Werbespots, Anzeigen etc.)					

Wodurch werden die Gäste sonst noch aufmerksam? (z.B. andere Internet Homepages): _____

5. Der *(Schwarzwald/ Thüringer Wald)* -Urlauber
   - im folgenden sind in erster Linie Übernachtungsgäste gemeint (keine Tagesausflügler) -

   Mit welchen Motiven kommen die Gäste zu Ihnen? _____

   Wie sieht also der typische *(Schwarzwald/ Thüringer Wald)*-Urlauber aus? (Alter, Aktivitäten, Einkommen evtl. Bildungsstand, etc.) _____

   Entspricht dieser Urlauber der Zielgruppe Ihres Prospekts?
   ❏ ja völlig   ❏ teils/teils   ❏ nein   ❏ weiß nicht

   Wie viele Gäste haben Sie im Jahr 2001 erwartet? Und wie viele sind gekommen?
   - Erwartete Ankünfte: _____
   - Tatsächliche Ankünfte: _____

   Woher kommen die meisten Ihrer Gäste (Bundesländer bzw. international)?
   - Deutschland: _____
   - International: _____

   Wie verteilen sich in etwa die Gäste auf die einzelnen Jahreszeiten (in %)
   Frühjahr: ____ %   Sommer: ____ %   Herbst: ____ %   Winter: ____ %

6. **Bedeutung der Werbung für die Region als Tourismusdestination**

   Sehen Sie prinzipiell andere Ferienregionen in Deutschland als Ihre Konkurrenz an?
   ❏ ja und zwar insbesondere: _____ ❏ nein überhaupt keine

   Versuchen Sie, sich von anderen Regionen bewußt abzusetzen?
   ❏ ja und zwar durch: _____ ❏ nein

   Denken, Sie daß das Design/ die Aufmachung des Kataloges entscheidend ist bei der Entscheidung für eine Urlaubsregion bzw. ein Urlaubsland? (Speziell in Deutschland?) _____

   Nicht alle Regionen haben ein „Alles in Einem"-Prinzip von allgemeinen Informationen und Gastgeberverzeichnis. Was ist Ihrer Ansicht nach sinnvoller (kostengünstiger, praktischer)?
   ❏ „Alles in Einem", weil: _____
   ❏ Image-Broschüre und Gastgeberverzeichnis getrennt, weil: _____

   Wie wichtig sind Ihrer Meinung folgende Kriterien bei einem Informationskatalog? (nach Schulnoten: 1 = sehr wichtig; 5 = völlig unwichtig)

	Ihre Bewertung (1-5)
Optimale Darstellung der Region	
Informativ	
Übersichtlichkeit	
Zufriedenheit aller Mitglieder/ Inserenten	
Optisch ansprechend (auf den ersten Blick)	
Sachlichkeit	
Abwechslungsreich	
Immer wieder neu	
Unterhaltsam	
Praktisches Format	
Andere:	

7. **Probleme bei Herstellung und Organisation des Prospekts**

   In wie viele Teilgebiete gliedert sich Ihre Region (bzgl. Marketing-Organisation)? Und welche sind das? _____

   Gibt es Probleme bei der Zusammenarbeit zwischen den einzelnen Regionen/ Gemeinden und der Gesamtvermarktung im Tourismusverband? _____

   Welche Probleme tauchen sonst bei der Organisation des Prospektes auf? (z.B. mit Inserenten, Finanzierung) _____

   Was ist derzeit das größte Problem in Ihrem Fremdenverkehrsverband?
   _____

Eichstätter Tourismuswissenschaftliche Beiträge

Band 1: Scherle, Nicolai: Gedruckte Urlaubswelten: Kulturdarstellungen in Reiseführern. Das Beispiel Marokko. 2000.

Band 2: Küblböck, Stefan: Zwischen Erlebniswelten und Umweltbildung. Informationszentren in Nationalparken, Naturparken und Biosphärenreservaten. 2001.

Band 3: Fuchs, Thomas: Canyoning – Aspekte des Abenteuersporttourismus in der Erlebnisgesellschaft. 2003.

Band 4: Rulle, Monika: Der Gesundheitstourismus in Europa – Entwicklungstendenzen und Diversifikationsstrategien. 2004.

Band 5: Küblböck, Stefan: Urlaub im Club – Zugänge zum Verständnis künstlicher Ferienwelten. 2005.

Band 6: Hauswald, Oliver: Mythos Patagonien – Tourismus und Imaginationen am Ende der Welt. 2006.

Band 7: Schlaffke, Marlen: Von Bollenhüten und Ritterburgen – Tourismuswerbung und Raumbilder. 2007.

Armin Günther, Hans Hopfinger, H. Jürgen Kagelmann & Walter Kiefl (Hg.)

Tourismusforschung in Bayern
Aktuelle sozialwissenschaftliche Beiträge

Dieses Buch ist das erste, das einen aktuellen Überblick über die breitgespannte Tourismus- und Freizeitforschung in Bayern gibt und in einer Auswahl die Vielfalt der Projekte, die an bayerischen Hochschulen und angegliederten Institutionen betrieben werden, deutlich macht.

Der Band konzentriert sich dabei auf einige der am meisten diskutierten und wichtigsten Themenbereiche. Er macht deutlich, wie wichtig die angewandte Tourismuswissenschaft in Bayern mittlerweile geworden ist und welche Rolle der sozialwissenschaftlich orientierten Freizeit- und Tourismuswissenschaft dabei zugeschrieben werden kann. Das Buch ist Überblick, aber auch Nachschlagewerk.

Profil Verlag GmbH München Wien
ISBN 978-3-89019-592-6